CON
BOOK.

**Françoise Hauser** ist als Journalistin seit fast 30 Jahren immer wieder in Asien und anderen Regionen der Welt unterwegs. Startschuss dieser lebenslangen Begeisterung war das Sinologie-Studium, das sie unter anderem für zwei Semester nach Nanjing in der Volksrepublik China und ein Semester nach Tainan auf Taiwan führte. Nach dem Studium arbeitete sie zunächst im Tourismus, genießt aber seit mehr als 15 Jahren die Freiheiten einer freien Journalistin und Autorin.

**FRANÇOISE HAUSER**

Was Sie dachten

# NIEMALS

über das

# REISEN

wissen zu wollen

55 unwillkommene
Einblicke unterwegs

CON
BOOK.

© Conbook Medien GmbH, Neuss, 2022
Alle Rechte vorbehalten.

www.conbook-verlag.de

Dieses Werk wurde vermittelt durch Aenne Glienke | Agentur für Autoren und Verlage, www.AenneGlienkeAgentur.de.
Textredaktion: Kanut Kirches, Köln
Einbandgestaltung: Weiß-Freiburg GmbH, Grafik und Buchgestaltung unter Verwendung der Motive von Hermann Viria/Shutterstock.com und iStockPhoto.com/Brasil2
Satz: Röser MEDIA, Karlsruhe
Druck und Verarbeitung: Multiprint, Bulgarien

ISBN 978-3-95889-337-5
893375 01 22 4

**Folgen Sie uns!**

*Wir informieren Sie gerne und regelmäßig über Neuigkeiten aus der Welt des CONBOOK Verlags. Folgen Sie uns für News, Stories und Informationen zu unseren Büchern, Themen und Autoren.*

 www.conbook-verlag.de/newsletter

 www.facebook.com/conbook

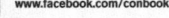 www.instagram.com/conbook_verlag

# INHALT

# INTRO

Darf man das, über das Reisen herziehen? Jetzt, wo wir uns alle danach sehnen, einfach mal wieder eine Reise zu buchen, egal wohin? Ohne auf die Corona-Zahlen zu achten, die Reisebeschränkungen und -warnungen im Auge zu behalten oder ungeduldig darauf zu hoffen, dass Japan, Thailand oder welches Lieblingsreiseziel auch immer endlich wieder die Grenze für ausländische Besucher öffnet?

Sie ahnen es fast, dieses Buch entstand vor der Corona-Zeit und wurde punktgenau mit den ersten seltsamen Berichten über eine neue Lungenkrankheit aus China fertig. Zum geplanten Erscheinungstermin kam der Lockdown. Na prima. Aber um die Frage aus dem ersten Absatz zu beantworten: Ja, man darf, denn egal wie lange die Pandemie dauert, das Reisen werden die Menschen mit Sicherheit nicht aufgeben. Außerdem gibt es eine Menge Fragen, die unterwegs dauerhaft aktuell sind und bleiben. Wetten, Sie haben auf der letzten Reise das Hotel-WLAN genutzt und vielleicht auch Ihre E-Mails abgerufen? Vielleicht sogar zum Handy gegriffen, ohne zu überprüfen, in welches Netz es eigentlich eingeloggt ist? So ging es mir auf einer Fährpassage von Kiel nach Göteborg, und es hätte mich beinahe finanziell ruiniert, wenn ich nicht nach einiger Zeit meine Internetsuche nach Sehenswürdigkeiten wieder beendet hätte, um aufs Wasser zu schauen. Das Handy war nämlich nicht in das terrestrische Netz der (sichtbaren) Küste, sondern in das Schiffsnetz eingewählt, dessen Tarife auch betuchten Menschen den Atem stocken lassen. Damit war der erste Schritt zu diesem Buch getan, auch wenn es mir damals noch nicht klar war. Die ganze Geschichte mit all ihren furchterregenden Details gibt es übrigens gleich im ersten Kapitel. Aber das Reisen hat noch viele andere Aspekte, die man gar nicht unbedingt überdenkt oder hinterfragt. In diesem Buch geht es daher auch um Katastrophen, ruinierte Ehen und Freundschaften, unergründliche Buchungsportale und dreckige Kreuzfahrten, verschwundenes Gepäck, Bakterien, Wanzen und viele andere »dunkle Seiten« des Reisens – fast sollte man meinen, ich wollte Ihnen den Spaß verderben! Doch ehrlich und versprochen, nichts läge mir ferner. Ich liebe den Geruch fremder Länder (auch wenn manchmal ein Hauch von Müllkippe dabei ist), die Vorfreude beim Planen und Packen, den ersten Blick aufs Meer und das Wissen, dass jede Reise ihre

Überraschungen birgt. Damit diese vor allem positiver Natur sind, habe ich dieses Buch geschrieben. Wenn man sich auf der Fähre nicht in den Ruin telefoniert, vor der Buchung des Ferienhauses die Katalogbeschreibung richtig übersetzt, sich (nicht nur wegen Corona) regelmäßig die Hände wäscht, im Hotel keine Hacker glücklich macht, nicht mit Beruhigungsmitteln in der Tasche als Dealer verhaftet wird, keine tollwütigen Hunde streichelt und sich nicht mit Bucket-Listen ins Unglück stürzt, dann macht das Reisen nämlich noch ein bisschen mehr Freude.

# AUF SEEREISEN TELEFONIERT MAN SICH IN DEN RUIN

E s ist sonnig, der Wind lässt die Fahnen knattern, am Horizont zieht langsam die italienische Küste vorbei. Ideal für ein Gute-Laune-Urlaubsselfie auf dem Oberdeck: »Wir, auf der Skandinavien-Kreuzfahrt.« Verschickt man dieses Foto ohne weiteres Zögern, am besten in hoher Auflösung und gleich mehrfach, kann einem das Lachen ziemlich schnell vergehen – spätestens, wenn Wochen später die Telefonrechnung eintrudelt.

Dass man in der Ferne nicht einfach unbedarft zum Handy greift, weiß natürlich jeder. Gut, dass seit Sommer 2017 im EU-Ausland die Roaming-Gebühren entfallen! Bei Fernreisen bieten außerdem viele

Mobilfunkanbieter hinzubuchbare Auslandspakete an. Preislich hat der Reisende also alles im Griff? Das ist ein Trugschluss, der ins Geld gehen kann, denn diese Regel gilt nur für sogenannte »terrestrische«, also landbasierte Netze. Doch wie funktioniert dann die Handyverbindung auf dem Schiff?

Egal ob auf dem Kreuzfahrtschiff oder auf der Fähre, draußen auf dem weiten Meer hätten Schiffe keine Telefonverbindung, gäbe es nicht das bordeigene Mobilfunknetz, das wiederum mit einem Satellitennetz verbunden ist. Damit sich terrestrische und Satellitennetze nicht ins Gehege kommen, werden die Bordnetze erst zwei Seemeilen vom Ufer entfernt (außerhalb der EU sind es 12 Seemeilen) eingeschaltet. Logisch, dass dieses Signal dann meist stärker ist als die der terrestrischen Netze der Länder, die man am Horizont vorüberziehen sieht. Nur weil man beispielsweise die italienische, dänische oder sonst irgendeine Küste sehen kann, heißt das also noch lange nicht, dass das Handy auch dort eingewählt ist. Immer dann, wenn sich Schiffe nah am Ufer befinden, erlebt der Reisende mitunter einen regen Wechsel an Netzen, die sich allesamt mit einer kleinen Tarif-SMS ankündigen. Unterwegs auf der Fähre von Kiel nach Göteborg beispielsweise melden sich alle paar Minuten – ping – ping – ping – deutsche, dänische und schwedische Provider. Hier und da ist (in diesem Fall) auch Telenor Maritime dabei (vor allem, wenn sich das Schiff nicht penibel an die Zwei-Meilen-Grenze hält).

Spätestens dann sollte man aufhorchen: Dieses Schiffsnetz zählt (wie alle Schiffsnetze) zu den wahrscheinlich teuersten Telefonverbindungen des Globus: Rund
2,50 Euro fallen für den Endkunden pro 100 kB Daten-
verkehr an. Zum Vergleich: Ein kleines WhatsApp-
Filmchen von nicht einmal einer Minute hat ein Volu-
men von rund ein bis drei MB – das wären dann schon
rund 75 Euro weniger im Portemonnaie. Wer gar seine
Kinder mit einem YouTube-Film ruhigstellt, kommt
blitzschnell in ernste finanzielle Schwierigkeiten. Auch
Anrufe schlagen mit Preisen von drei bis sieben Euro/
Minute zu Buche. Ganz ohne Vorwarnung arbeiten die
Schiffnetze nicht: Beim ersten Wechsel in diese Netze
erhält der Reisende eine einmalige SMS mit dem auf-
rüttelnden Titel »Willkommen an Bord« und der Mit-
teilung es »können höhere Kosten auf See entstehen«
und »die Abrechnung unterliegt keiner automatischen
Kostenbegrenzungsfunktion.«

Problematisch ist: Diese Warnung geht nicht nur gerne in der Flut der SMS unter, sie wird auch nur einma-
lig verschickt, eben nur beim ersten Wechsel. Danach
muss der Reisende schon selbst genau aufpassen und
beispielsweise darauf achten, dass sich das Handy an Orten ohne WLAN-Empfang nicht einfach selbstständig
ins Satellitennetz einwählt. Auch die Frage, wann dies
genau geschieht, wird von allen Providern unterschied-
lich beantwortet, verlässliche Informationen sind schwer
zu bekommen. Und wer überprüft schon ständig den

Providernamen am linken oberen Bildschirmrand? Zudem lässt sich aus dem Namen nicht immer der richtige Rückschluss ziehen: Während beispielsweise der Provider »Telenor Maritime« durch den Namensbestandteil »Maritime« aufhorchen lässt, klingen »Telekom Italia« oder »Siminn« nicht zwingend nach Schiffsnetz. Welches Satellitennetz auf dem Kreuzfahrtschiff oder auf der Fähre infrage kommt, hängt davon ab, mit wem die Reederei Verträge abgeschlossen hat. In der Preisgestaltung sind die Bordnetze jedenfalls frei, denn die EU-Roaming-Verordnung gilt für sie nicht.

Dummerweise wird der Gast nicht immer ausführlich über diese Kostenfalle informiert. Auf Kreuzfahrtschiffen mit internationalen Routen ist die Chance noch am größten, da man dort natürlich auch die eigenen WLAN-Pakete an den Mann bringen möchte. Die Preise für Datenverbindungen beispielsweise variieren nach eigenen Angaben der verschiedenen Reedereien von 3 Euro die Stunde bis zu drei Stunden à 49,90 Euro, hier und da werden auch Gesamtpakete angeboten – für Vielsurfer lohnt sich der Preisvergleich allemal. Auf Fähren ist das WLAN bisweilen gratis – dafür muss der Reisende schon ziemlich auf den Websites oder in den Passagierinformationen suchen, um auf die finanziellen Risiken der Handytelefonie auf See zu stoßen. Ein deutlicher Hinweis in den Kabinen oder gar auf der Buchungsbestätigung – wo beispielweise gerne auf Visumsbestimmungen hingewiesen wird – wäre mal eine kundenfreundliche Anregung an die Reedereien. Bis dahin gibt es vor allem einen guten Rat: einfach mal ausschalten.

## Praxistipp

- Die sicherste Variante ist: Einfach mal das Handy ausschalten. Viele Funktionen laufen automatisch ab, wie beispielsweise das Synchronisieren von Kalender und E-Mail, und teils auch System-Updates, sofern man dies nicht explizit ausgeschlossen hat. Auch Spiele gehen oft selbstständig online.

- Wer für Anrufe unbedingt erreichbar bleiben muss, sollte unbedingt die Option »Datenroaming« und/oder »Mobile Daten« deaktivieren.

- Sich nach WLAN-Möglichkeiten erkundigen: Teils ist es sogar gratis verfügbar. Telefonieren kann man dann über WhatsApp, Skype oder ähnliche Apps.

- Vor der Fahrt nachfragen, welcher Satellitenprovider das Kreuzfahrtschiff oder die Fähre bedient, und sich beim heimischen Provider nach den Roaming-Preisen erkundigen. Das dämpft die Lust, unterwegs zu telefonieren oder zu surfen garantiert gehörig.

# REISENDE LIEBEN FERNE LÄNDER. ABER NICHT ALLE FERNEN LÄNDER LIEBEN REISENDE

**2**
**Knast**

Echte Abenteuer zu erleben, ist in den Zeiten von Handy und Internet gar nicht mehr so einfach. Irgendwie hat man ja alles schonmal im Fernsehen oder auf YouTube gesehen. Auch den Mythos »da waren wir völlig auf uns allein gestellt« gibt es kaum mehr, selbst aus der tiefsten Gletscherspalte heraus kann man oft noch einen Notruf absetzen und weiße Flecken gibt es auf der Landkarte ja auch fast keine mehr.

Eine beliebte Alternative für die Barfuß-Besteigung des Himalaya (oder was man früher noch so tat, um mal »so richtig an seine Grenzen zu gehen«) sind heute Reisen in Länder, zu denen die gefühlte kulturelle Distanz besonders groß ist, in denen für uns schwer durchschaubare Verhältnisse herrschen oder eben doch noch das eine oder andere abgelegenen Dorf existiert, in dem nicht alle fünf Minuten ein Tourist auftaucht und ergo Gastfreundschaft noch groß geschrieben wird – also Länder, die reisetechnisch als große Herausforderungen gelten.

Leider klappt das nicht immer. Besonders ironisch ist das Beispiel der zwei australisch-britischen Blogger, die sich 2017 mit dem Auto auf den Weg machten, all die Länder abzureisen, denen ihrer Meinung nach zu Unrecht ein schlechter Ruf anhaftete: »Our biggest motivation behind the vlogs is to hopefully inspire anyone wanting to travel, and also try to break the stigma around travelling to countries which get a bad rap in the media«, so der Originalton. Im Iran schließlich lernten die beiden eine bittere Lektion: Vorurteile sind manchmal ... nun ja, gar nicht so falsch. Nachdem sie im Sommer 2019 nahe der Hauptstadt Teheran eine Drohne fliegen ließen, wurden die beiden verhaftet. Offensichtlich wussten die beiden nicht, dass man dafür eine Genehmigung gebraucht hätte, und dummerweise befand sich in der Nähe auch noch ein militärisches Sperrgebiet. Und, das wichtigste Detail: Ihnen war nicht klar, dass man dafür eben nicht nur eine Geldstrafe bekommt, sondern satte zehn Jahre wegen Spionage im iranischen Knast drohten. Im Oktober 2019 kamen die beiden schließlich im Rahmen eines Gefangenenaustauschs frei. Ihren Blog haben sie übrigens nicht weitergeführt, der endet Juni 2019.

Nun mag man einwenden: Wer ist auch so doof und lässt im Ausland eine Drohe fliegen? Kein Problem, es gibt noch andere Wege in den Knast: In der Türkei reichen unter Umständen schon ein paar regierungskritische Bemerkungen in den sozialen Medien aus, um ins Visier der Polizei zu geraten. So geschehen im August und Oktober 2019, um nur zwei Fälle zu zeigen. Mehr als 60 deutsche Staatsbürger sitzen derzeit in türkischen Gefängnissen, davon auch etliche aus politischen Gründen. Dabei handelt es sich vorwiegend um deutsche Staatsbürger mit türkischen Wurzeln. Bevor Sie sich nun dank eines rein ostfriesischen Stammbaums erleichtert zurücklehnen und doch noch zwei Wochen Antalya buchen: Das ist auch keine Garantie. Wie gesagt, ein Spruch auf Facebook, ein paar Leserbriefe …

Da fragt man sich natürlich: Woher haben die eigentlich die Informationen? Das deutsche Auswärtige Amt schreibt dazu auf seiner Internetseite: »Seien Sie sich bewusst, dass regierungskritische Äußerungen in sozialen Medien, auch wenn sie länger zurückliegen, aber auch das Teilen oder Liken eines fremden Beitrags, Anlass für strafrechtliche Maßnahmen der türkischen Sicherheitsbehörden sein können. Dabei können auch nicht-öffentliche Kommentare durch anonyme Denunziation an türkische Strafverfolgungsbehörden weitergeleitet worden sein.«

Der Iran und die Türkei sind dabei nur zwei Länder, die in dieser Hinsicht auffallen, die Liste ließe sich um einiges verlängern: Auch Ägypten schaut gerne mal online, wie der Reisende politisch aufgestellt ist, und Diktaturen sind weltweit generell etwas sensibel, wenn es um Kritik geht. Vor allem haben sie jedoch noch etwas gemein: Sie sind gar nicht so erpicht darauf, dass Touristen ihr Land jenseits der Resorts und ungeschminkt kennenlernen. Überall dort, wo Kontakte zu Einheimischen mit hochgezogenen Augenbrauen vermerkt werden, ist die Gefahr besonders groß. Dazu kommt: Ausländische Gefangene eignen sich gut für einen kleinen Gefangenenaustauch wie im Fall der Australier. Und weil sie gar so unschuldig sind, ist auch der Druck in der Heimat groß, die verirrten Kinder schnellstmöglich wieder nach Hause zu holen.

## Gut zu wissen

### Die beliebtesten Anklagen

- Spionage (geht immer! Es kann reichen, den Bahnhof zu fotografieren)
- Terrorismus (zum Beispiel durch vermeintliche Unterstützung einer Rebellengruppe)
- Verstoß gegen die »Sitten« (zum Beispiel durch Homosexualität)
- Mangelnder Respekt vor der einheimischen Religion (Blasphemie)
- Gar keine – in manchen Ländern kann man auch so einfach verschwinden

# AUF REISEN WILL MAN NICHT MIT JEDEM IN DEN TAG STARTEN

Das ideale Frühstück? Da sind sich die meisten deutschen Reisenden einig: Ein guter Kaffee ist unerlässlich, dazu ein leckeres Buffet mit viel Obst, verschiedenen Brot- und Müsli-Sorten, viele süße Brotaufstriche und natürlich auch eine Auswahl salziger Beläge und Eierspeisen. Falls hier und da Öko draufsteht, macht das gar nichts. Erwähnen muss man nicht, dass eine ruhige Atmosphäre und natürliches Licht dazugehören oder – die Königsklasse! – ein Tisch draußen auf der Terrasse mit Blick aufs Meer, sofern die Temperaturen mitspielen. Wie könnte man besser in den Tag starten?

Die erste Begegnung mit einer chinesischen Tourgruppe ist da ein echter Augenöffner. Wo der Mitteleuropäer noch langsam Anlauf nimmt und im Zweifelsfall eher die Zeitung als das Gespräch sucht, ist in chinesischen Kreisen schon richtig Schwung drin: laute Unterhaltungen, gerne auch quer durch den Frühstückssaal, viel Gelächter und generell die aufgeräumte Stimmung einer Schulklasse, der es soeben gelungen ist, dem Lehrer zu entkommen. Dass in dieser Atmosphäre hier und da die Feinheiten verloren gehen – wozu Schlange stehen, wenn man auch direkt ans Buffet gehen kann? –, versteht sich fast von selbst. Was nicht bedeutet, dass sich Chinesen nicht zu benehmen wüssten – die Vorstellungen sind nur hier und da andere. Auch was das richtige Ambiente angeht. Dahinter steckt keine böse Absicht, sondern oft einfach nur ein Schwung gute Laune und Freude an gemeinsamen Aktivitäten.

Das Frühstücksproblem ist übrigens kein rein fernöstliches: Auch Gruppen oder Großfamilien aus orientalischen Ländern sind hier und da kaum zu übersehen, genauso wie italienische Reisegruppen. Viele Hoteliers sind mittlerweile diskret dazu übergegangen, die unterschiedlichen Kulturkreise zeitlich zu trennen. Weil chinesische Gruppen sowieso meist früher in den Tag starten als ihre europäischen Pendants, versucht man, sie auf einen frühen Slot im Frühstücksraum festzulegen, während man Europäern eher einen späteren Termin nahelegt. Darüber gesprochen wird wenig, rutscht doch eine Diskussion zu diesem Thema gerne in den politisch sensiblen Bereich, und daran ist keinem Hotel gelegen.

Abends wiederholt sich dieses Problem übrigens gerne, allerdings nicht im Speisesaal, sondern auf den Hotelfluren. Ein ausgedehntes Schwätzchen direkt vor den Zimmertüren oder – quasi der sichtbare Kulturunterschied – gleich ganz geöffnete Türen, damit man sich gegenseitig besser auf dem Zimmer besuchen und auch über drei Zimmernummern hinweg kommunizieren kann, treibt den Westler gleichzeitig in die Schlaflosigkeit und den Wahnsinn.

Eine Ausweichmöglichkeit gibt es allerdings schon: draußen sitzen. Egal ob zum Frühstück oder zum Abendessen, die deutsche Manie, bei schönem Wetter unbedingt im Freien zu essen, ist den meisten Asiaten völlig unverständlich, wenn man doch drinnen bei anständigem Licht und ohne Mücken sitzen kann.

## Harte Fakten

Nicht nur in der Frage, »wie« gefrühstückt wird, gibt es große Unterschiede. Hier die klassischen Frühstücksspeisen:

- Japan: Miso-Suppe, kalter Fisch und Reis, sauer eingelegtes Gemüse, grüner Tee
- China: Reisbrei, warme Sojamilch, Jiaozi-Maultaschen, on the go auch gerne diverse Pfannkuchen und (salzige) Teigstückchen oder Dampfnudeln

- Arabischer Raum: Tee, Fladenbrot, Gebackene Bohnen und Dips wie Hummus
- Indien: Fladen mit salzigen Dips und Chutneys, Reis
- Italien: ein ordentlicher Kaffee/Espresso/Cappuccino mit süßem Stückchen
- Skandinavien: Knäckebrot mit Fisch oder salzigem Belag, süße Pfannkuchen

# STUDIENREISEN SIND NICHT NUR FÜR OBERSTUDIEN- DIREKTOREN

Zwanzig Menschen, in einen Bus gepfercht, von früh bis spät von einem hyperaktiven Reiseleiter mit historischen Fakten dauerberieselt, im Halbstundentakt von einer Ausgrabung zur anderen gehetzt und in der ersten Reihe der pensionierte Oberstudienrat, der es noch einmal ganz genau wissen will, während draußen vor dem Busfenster das wahre Leben vorüberrauscht. So sehen Studienreisen aus. Oder zumindest das Vorurteil, das ihnen hartnäckig anhaftet und gerne von all jenen aufrechterhalten wird, die stolz darauf sind, NIEMALS so eine Reise zu machen. Man ahnt es fast: Dieses Klischee ist längst nicht mehr richtig – und war es vielleicht auch nie.

Die Idee der Studienreise ist nicht neu: Auch Goethes Italienreise 1786–1788 war im Grunde nichts anderes, wenn auch ein gutes Stück länger und beschwerlicher, schließlich galt es erst einmal, Sitzfleisch zu beweisen und mit der Postkutsche über die Alpen zu holpern. Auch die Unterkünfte entsprachen nicht immer dem heutigen Standard. Mit Schrecken musste Goethe feststellen, dass in Norditalien mangels Toilette alle dringenden Bedürfnisse im Hof des Hotels erledigt wurden. Wetten, daraus wurde für den Dichter ein Eins-a-Fall von Reiseverstopfung, nur um dem primitiven Beispiel nicht folgen zu müssen? Die Suche nach der Antike, der Begegnung mit einer anderen Kultur waren ihm die Beschwerlichkeiten allerdings grundlegend wert.

Im Grunde hat sich das bis heute nicht geändert: In Sachen Programm sind Studienreisen nichts für notorische Bummler und Luftmatratzen-Schwimmer, denn dort geht es ambitioniert zur Sache: vormittags einen Rundgang durch die Altstadt, mittags schnell einen Blick in die Kathedrale, dann der Transfer in die nächste Stadt, zwischendrin eine steinzeitliche Ausgrabungsstätte und abends natürlich noch ein Gitarrenkonzert oder Ähnliches, all das begleitet von kurzen Vorträgen zu den kulturellen und historischen Hintergründen. Was genau den Zeitplan füllt, hängt vom Reiseziel ab, die Dichte freilich ist typisch – und gewollt. Zwar gibt es durchaus Gelegenheiten für individuelle Ausbrecher, für einen Nachmittag am Pool nutzen ihn die wenigsten. Schließlich kommt man nicht jeden Tag nach Süditalien, Vietnam oder Island, da sind möglichst viele Eindrücke und Stationen ein Muss, das frühe Aufstehen (zumindest im Vergleich mit einem Strandurlaub) eine Nebensächlichkeit.

Doch warum tun Menschen das? Wahrscheinlich ist es wirklich der Wissensdrang, der sich auf einer herkömmlichen Reise nur mit viel Planung bewältigen lässt – und das Wissen, dass sie sich unterwegs unter ihresgleichen bewegen werden. Die meisten scheinen übrigens zu finden, was sie suchen, denn es sind erstaunlich viele Wiederholungstäter darunter, teils mit beachtlicher Stamina. Zehn, 20 Studienreisen gemacht? Das ist keine Seltenheit. »Ich hatte kürzlich eine Dame in der Gruppe, die hatte bereits 60 Studienreisen absolviert«, berichtete mir gar ein Reiseleiter. Zwischen der ersten und der sechzigsten Reise dürfte die Rekordteilnehmerin Zeugin nicht unerheblicher Veränderungen geworden sein: Stundenlange Vorträge sind längst tabu, genauso wie die allzu steife Ansprache. Vor allem aber ist die Klientel jünger geworden.

Noch ein bisschen näher ran geht die Erlebnisreise, gerne auch unter körperlichem Einsatz und mit sportlichem Ehrgeiz. Auch hier träumen die Teilnehmer nicht vom faulen Tag am Pool, sondern suchen die Herausforderung. Auch hier ist der Kontakt zu Gleichgesinnten gewünscht: Ein spektakulärer Sonnenuntergang im Hochgebirge ist eben noch ein bisschen schöner, wenn man ihn nicht allein erlebt. Gleiches gilt für problematische Situationen: Fuß verknackst, mitten im Gebirge? In der Gruppe bleibt man eben nicht einsam liegen. Egal ob Studien- und Erlebnisreise – eine ganz wichtige Motivation, an einer organisierten Reise teilzunehmen, ist die Befreiung vom Logistik-Management, also von der lästigen Pflicht, neben der Auseinandersetzung mit der Kultur am Reiseziel auch noch Unterkunft, Transport und Verpflegung zu organisieren. Ein Aspekt, der oft übersehen wird, trägt doch die Buchung einer Gruppenreise, Studien- oder Erlebnischarakter hin oder her, bei vielen Deutschen noch immer den Beigeschmack, man wäre nicht in der Lage, die Reisepläne in Eigenregie zu bewältigen. Kenner wissen allerdings: Die zusätzliche kulturelle Erkenntnis durch den Versuch, irgendwo im ländlichen China eine Fahrkarte zu buchen oder den richtigen Bus in Indien zu finden, ist gelinde gesagt überschaubar. Zumal viele Reisende den sprachlichen Herausforderungen exotischer Reiseziele nur mit Mühe begegnen. Deswegen trifft man heute durchaus auch all jene in der Gruppe wieder, die sich vor 20 Jahren bereits bewiesen haben, dass sie es auch alleine können – aber nicht mehr wollen. Goethe hätte vielleicht genauso entschieden.

# GRUPPENREISEN SIND NICHTS FÜR WEICHLINGE

Nach dem Loblied auf die Studienreise muss natürlich noch eine Portion harter Realismus hinterher: Egal ob Studienreise (die gehobene Variante) oder ordinäre Busreise, wer sich einer Gruppenreise anschließt, taucht in eine fremde Welt ab. Gemeint ist nicht die Fremde VOR dem Busfenster, sondern das Universum dahinter, das bereits nach wenigen Stunden nach ganz eigenen Regeln funktioniert. Eine Gruppenreise ist wie ein Theaterstück. Bestimmte Schlüsselrollen MÜSSEN besetzt werden, sonst ist der dramaturgische Aufbau der Reise dahin. Dazu gehören der ewige Besserwisser, der ständige Nachfrager (bei kleinen Gruppen kann diese Rolle in Personalunion besetzt werden), die zwei jungen Reiseneulinge, bei denen sich jeder fragt, warum sie nicht einfach drauflosgefahren sind, der Zuspätkommer und Trödler, der medizinische Problemfall (»Ich kann nicht lange sitzen, ich brauche meinen Schlaf, der Berg ist mir zu steil, ich fühle mich nicht wohl ...«) und noch einige Komparsen, die wenig sagen und im Bus herumsitzen. Als Add-on kommen noch die drei lustigen Frauen in Frage, die »einfach mal was anderes machen wollten«, und die Teilnehmerin, die nach fünf Minuten merkt, dass die Entscheidung zur Gruppenreise falsch war. Wirklich falsch ... Erfahrene Reiseleiter erkennen nach wenigen Sekunden, wer sich für welche Besetzung eignet.

Beim ersten Einsteigen in den Gruppenbus muss die Platzwahl sitzen! Also schön nach vorne drängeln und den besten herauspicken. Eine Chance auf einen anderen Platz gibt es erst wieder, wenn ein anderer, nicht baugleicher Bus eingesetzt wird. Profis lassen im Netz des Vordersitzes einige persönliche Dinge zurück, wie eine Packung Kekse oder so, nicht dass am nächsten Morgen – gegen die Regeln! – ein anderer den Platz besetzt. Wenn der Reiseleiter die Sitzplätze freigibt und einen fröhlichen Tausch anregt, heißt das noch lange nicht, dass man auch wechseln muss. Hier gewinnt der Reisende mit den stärksten Nerven. Die erste Reihe ist am beliebtesten, denn hier genießt man nicht nur den freien Blick nach vorne, sondern kann auch noch dem Reiseleiter konstant ein Ohr abkauen und seinen Gesprächen mit dem Busfahrer lauschen. Der Bonus-Track ist: Man hüpft an jedem Stopp auch noch als Erster aus dem Bus. Wer bei der Platzwahl zu langsam war, sollte nicht verzagen, es gibt natürlich ein paar handfeste Tricks, um doch noch in die erste Reihe zu kommen: »MIR WIRD HINTEN SCHLECHT! JETZT!«, ist das Killer-Argument schlechthin. Auch die direkte Ansprache: »Wollen wir mal tauschen? Sie sitzen doch schon so lange in der ersten Reihe«, kann bei Menschen mit einem Rest von Anstand vielversprechend sein.

Der Einsatz lohnt sich in jedem Fall, denn die Platzwahl-Problematik im Bus ist ja quasi eine Art Trainingscamp für alle weiteren touristischen Stationen: Am Pool, im Restaurant, bei der Folkloreaufführung ... Bei Letzterer übrigens kann man nur von der ersten Reihe abraten, denn die dort vorgeführten Einheimischen rächen sich gerne, indem sie Zuschauer mit auf die Bühne ziehen und komplizierte Tänze hampeln lassen. Spielverderber gibt es natürlich auch: Reiseleiter, die ein Rotationsprinzip erzwingen, oder Hotelangestellte, die die mühsam um fünf Uhr früh platzierten Handtücher auf der besten Poolliege wieder entfernen.

**Aber**

Mittlerweile legen etliche Reiseveranstalter Gruppenreisen für bestimmte Altersgruppen auf, für Singles, Sprachinteressierte oder verkappte Abenteurer. Mit ein bisschen Glück passt es dann doch mit der Gruppendynamik. Die erste Reihe bleibt natürlich trotzdem der beste Platz ...

# ES GIBT AUF REISEN KEINEN WEG ZURÜCK AUS DER BUSINESS CLASS

**6**

**Luxus**

Fast hätte ich mich zum Deppen gemacht und den Aufruf für die Business-Passagiere meiner Lieblings-Airline All Nippon Airways als Handyklingelton aufgenommen. Natürlich, weil ich, ohne das dafür nötige Portemonnaie zu besitzen, Business Class fliegen durfte. Als Journalistin passiert mir das hin und wieder und ist Quell zweier wichtiger Erkenntnisse: Auch Langstreckenflüge können richtig Spaß machen, und – wichtiger noch – es gibt keinen Weg zurück in die Holzklasse.

Ich will das mal bildlich vor Augen führen: ein breiter Sitz – mehr Sessel als Sitzgelegenheit –, zur

Begrüßung ein Gläschen Champagner, dazu eine persönliche Vorstellung der freundlichen Stewardess, die die nächsten Stunden alles dafür tun wird, dass ich mich wohlfühle. Danach eine nie endende Abfolge von Leckereien. Das dritte Eis? Kein Problem, genauso wie der kleine Likör dazu oder ein kleiner Snack. Dass das Essen mit Tischdecke und in mehreren Gängen, natürlich in allerfeinster Qualität und mit liebevoller Deko kommt, gibt dem ganzen einen Touch von Restaurant. Logisch, dass das müde macht. Kein Problem, einfach den Sitz in die Horizontale kippen, dazu vielleicht noch einen Schlafanzug der Airline anziehen und mit flauschiger Decke schlafen. Umdrehen kann man sich auch, und natürlich muss man nicht dreimal aufstehen, weil der Mann auf dem Mittelplatz unter einer schwachen Blase leidet. Ich schreibe das nicht, weil ich die Verkäufe der Business Class ankurbeln möchte (jeder besetzte Platz schmälert meine Hoffnung auf ein Upgrade), nein, ganz ehrlich, das ist einfach wunderbar.

Steigern kann man dieses Gefühl nur noch in der First Class, doch da geht es schon gar nicht mehr um das Flatbed oder die Speisenauswahl, sondern oft nur noch um das Prestige. Auf dem Flug von Frankfurt nach Nagoya verriet mir eine Stewardess, dass die First Class immer als Erste ausgebucht ist, denn für die Alleobersten von Toyota wäre jedes andere Ticket ein Gesichtsverlust.

Fast schon enttäuschend ist, mal eine Zeit lang vor dem Check-in-Schalter der First Class einer beliebigen Airline herumzulungern: Die Reichen dieser Welt sehen nicht anders aus als wir, die »Normalen«. Sie treten auch nicht im perfekten Anzug oder teuren Kleidchen an, denn es kann ihnen einfach egal sein, welchen Eindruck sie hinterlassen. Wer hat, der hat. Da freut man sich schon über den einen oder anderen Rockmusiker, der wenigstens ein bisschen Farbe in die Besetzung bringt. Das Problem an dieser Luxusvariante des Reisens ist: Danach sieht alles andere einfach nur anstrengend aus. Fast als wechsle man aus dem farbigen Leben (Business) in die Schwarz-Weiß-Sektion (Eco, was sonst). Das gleiche gilt natürlich auch für Hotels. Zufällig in den Genuss eines Aufenthalts in einem der Aman-Häuser oder einem Peninsula-Hotel gekommen? Oder einem der vielen anderen Hotels, deren Übernachtungspreis bis zu 1.000 Euro (immerhin pro Zimmer beziehungsweise Suite) kosten kann? Ganz schlecht, denn selbst Vier-Sterne-Hotels sind danach ... ganz in Ordnung, aber mehr nicht. Das Verführerische an der Luxusvariante des Reisen ist nicht nur der Luxus an sich (also das bequeme Bett, die unverschämt großen Zimmer, das Frühstücksbuffet und Ähnliches), sondern das gute Gefühl, die Angestellten hätten wirklich und aufrichtig nichts anderes im Sinn, als es dem Reisenden so angenehm wie möglich zu machen.

Und die Lehre aus diesem Text? Wer so erfolgreich ist, dass es für eine Luxusreise langt, sollte unbedingt darauf schauen, dass es so bleibt. Wenn das kein Motivationsfaktor ist!

# REISEN MIT KLEINKIND IST ... ANDERS

Die Reisevisionen junger Eltern sind mitunter geradezu rührend: Gemeinsam mit dem Nachwuchs die Welt entdecken, die Kinder zu weltoffenen Kosmopoliten erziehen, ihnen schon früh die multikulturellen Ideale nahebringen ... Vor dem inneren Auge sehen sie ihre Kinder versiert mit Stäbchen essen, ohne mit der Wimper zu zucken Thai-Curry verspeisen und mit ein bisschen Glück auch schon die ersten Wörter eines exotischen Idioms aufschnappen. Fast möchte man diese Vorstellungen mit seichter Geigenmusik unterlegen.

Die Realität sieht jedoch oft ein kleines bisschen anders aus: Morgens um fünf Uhr am Strand eine Sandburg bauen, weil der Jetlag zuschlägt, spätestens um 19 Uhr ins Bett gehen (wer um halb fünf zum Puppenspielen antritt, ist dann nämlich schon rechtschaffen müde), jeden Tag an derselben Pommesbude zu Mittag essen, weil sich das Kind kein bisschen weltoffen zeigt und alle ausländischen Gerichte ablehnt, regelmäßig zum Mittagsschlaf ins Hotel zurückkehren und bei jedem Niesen einen tropischen Virus befürchten. Auch so kann das aussehen. Verstehen Sie mich nicht falsch: Ich bin ein absoluter Fan von Fernreisen mit Kind. Nur fallen sie mitunter anders aus als geplant. Und das ist noch die freundliche Formulierung. Wie ein Kleinkind auf eine fremde Umgebung reagiert, weiß man nämlich erst, wenn es so weit ist. Also beispielsweise nach der Landung in Japan, wenn der Nachwuchs den Jetlag in einen eher unbequemen Tagesrhythmus verwandelt, der vor Morgengrauen beginnt und der Doppeldeutigkeit des Begriffs absolut gerecht wird. Wer je versucht hat, sich in einem Hotel täglich schon vor Sonnenaufgang spannende Aktivitäten auszudenken, weiß, was gemeint ist.

Gut möglich, dass Sie jede Menge Eltern kennen, die sich mit dem Nachwuchs regelmäßig in der Ferne herumtreiben, keinerlei Probleme kennen, ihr gewohntes Reiseprogramm durchziehen und natürlich jedem davon erzählen – schließlich liegt das ausschließlich an der guten Erziehung und lockeren Haltung der Eltern! Alle anderen halten naturgemäß eher die Klappe. Weil es viel weniger cool klingt, zuzugeben, dass der Erholungsfaktor unterwegs nahe null ging. Außerdem ist da noch die nagende Frage »Sind wir vielleicht doch selbst schuld, dass es nicht so gut geklappt hat? Sind wir zu verkrampft an die Sache herangegangen?«. Und natürlich – der Bonus-Track! – weil sich sonst schnell der Chor der »Hab ich doch gleich gesagt, das geht nicht«-Mahner erhebt. Es ist nämlich so: Mit Kindern reisen, also nicht nur in ein All-inclusive-Resort fahren oder in die Ferienwohnung an der Nordsee, richtig reisen, das ist geradezu verwerflich. Kaum ein Thema polarisiert so sehr wie die Frage: Wann darf man mit seinen Kindern wie weit fahren? Ist das eine Quälerei für die Kleinen oder der Grundstein einer weltoffenen Erziehung? Und haben die denn überhaupt was davon? Wer mit Kleinkind ins Flugzeug steigt, muss tapfer sein, denn mit allergrößter Wahrscheinlichkeit begleitet ein kollektives Aufstöhnen den Gang durch die engen Stuhlreihen. Und das nicht ohne Grund. Es gibt Eltern, die ihren kleinen Sohn während eines Zwölf-Stunden-Flugs mit einer Spielzeugtrommel bespaßen. Dass diese Familie – eine Geschichte aus dem wahren Leben – nicht unterwegs über dem Pazifik aussteigen musste, liegt nur daran, dass man während des Fluges die Türen nicht öffnen kann. Auch Nintendo-Actionspiele auf voller Lautstärke haben einen ähnlichen Effekt, wenn auch leider oft nicht auf die Eltern, die wahrscheinlich schon längst ertaubt sind oder die bösen Blicke der Mitreisenden nicht zu lesen wissen. Damit solche Situationen gar nicht erst aufkommen, heißt es, sich vorbereiten. Gut, dass Kinder käuflich sind!

lange es noch Alternativen gibt. Aber Achtung! In der ersten Reihe lassen sich die Armlehnen meist nicht hochklappen, sodass die leeren Plätze wenig nützen.

- Buggy mitnehmen! Der eignet sich nicht nur vorzüglich für ein Mittagsschläfchen, sondern garantiert auch dafür, dass das festgeschnallte Kind nicht nach fünf Minuten in den Weiten des Nachtmarkts verschwindet.
- Kinder beschriften: Auf Flughäfen und in Bahnhöfen gehen Kinder schnell verloren. Für den Notfall empfiehlt es sich, dem Nachwuchs die Mobiltelefonnummer samt internationaler Vorwahl mit Kugelschreiber auf den Arm zu schreiben. Im Fall der Fälle kann sich der Finder gleich per Telefon melden.

# SOCIAL TRAVELLING IST NICHT IMMER SOCIAL

Auf Reisen ganz nah ran gehen, den Alltag der Menschen hautnah erleben und mit ein bisschen Glück auch aktiv daran teilnehmen, das wünschen sich viele Reisende – »social travelling« heißt dieser Trend. Und weil man auf Reisen eher nicht arbeitet und wenig Einblick in Privatwohnungen bekommt – es sei denn, man klebt an den verlockend großen holländischen Wohnzimmerscheiben –, muss eine andere Möglichkeit her, möglichst nah an den Alltag zu kommen. Couchsurfing ist so eine sympathische Idee – bei Fremden auf der Couch übernachten. Dabei geht es natürlich um viel mehr als nur eine Übernachtungsgelegenheit, sondern auch um die Zeit mit den Gastgebern. Auf einer der vielen Couchsurfing-Plattformen meldet man sich an, mit Fotos und Selbstbeschreibung, Hobbys und Reiseplänen. Danach kontaktiert man entweder selbst die potenziellen Gastgeber oder wartet auf Einladungen. Man muss dazu sagen: Couchsurfing erfordert auch ein wenig Mut, denn bei Fremden unterkommen, das ist eine echte Überraschungspackung. In Anbetracht all der privaten Infos und der vielen Fotos wähnt man sich hier fast bei einer Partnervermittlung. Genau daran krankt das System dann übrigens auch, gerade im Fall allein reisender Frauen, die sich nie ganz sicher sein können, ob der Gastgeber nicht einfach nur auf Brautschau ist oder, um es direkt zu sagen, einem One-Night-Stand gegenüber nicht abgeneigt wäre. Kein schlechter Deal, schließlich ist die Übernachtung gratis, lediglich für die Identitätsüberprüfung fällt eine Gebühr an. Dennoch ist Couchsurfing in vielen Fällen eine spannende Möglichkeit, für wenig Geld durch die Welt zu kommen. Mehr als 14 Millionen Mitglieder und 200.000 Städte hat die größte Community von www.couchsurfing.de im Programm, aber auch die die Alternativen www.bewelcome.org, www.staydu.org – hier kann man zwischen bezahlten und unbezahlten Unterkünften sowie Bett gegen Hilfe aussuchen – und www.hospitalityclub.org wachsen stetig.

Die »erwachsene« Alternative zum Couchsurfing heißt Airbnb. Das Onlineportal für Privatunterkünfte gibt es seit 2008 und hat seither einen regelrechten

Senkrechtstart hingelegt. Es verspricht »Airbed and Breakfast«, kurz »Airbnb«, also mindestens eine Luftmatratze und Frühstück aus privater Hand. Aus diesem abenteuerlichen Stadium ist Airbnb allerdings längst herausgewachsen: Sicher, man kann hier und da noch immer bei Menschen privat unterkommen, doch auch ganze Ferienwohnungen bekommt man hier, darunter etliche, die niemals von normalen Mietern bewohnt werden. Logisch: Wenn man innerhalb weniger Tage den Gegenwert einer normalen Miete verdienen kann, warum dann noch an normale Mieter vermieten, die man am Ende nie wieder los wird? Für Wohnungsbesitzer in Bielefeld oder Hoyerswerda mag die Versuchung noch überschaubar sein, wer in Barcelona, Paris oder Rom eine Wohnung besitzt, muss dagegen oft nicht lange nachdenken. Während sich die Risiken des Couchsurfings auf den privaten Bereich beschränken, hat Airbnb mit seinen rund zwei Millionen Unterkünften in fast zweihundert Ländern einen beeindruckenden Einfluss auf die Stadt- und Siedlungsgeographie – laut einer Studie des Instituts der deutschen Wirtschaft (iwd) hatte Airbnb bereits 2016 bei ausländischen Gästen in Deutschland bereits einen Marktanteil von etwa einem Fünftel. In touristisch beliebten Städten wie Paris, Berlin oder Barcelona treibt es in vielen innerstädtischen Vierteln die Mieten in die Höhe, auf manchen griechischen Inseln tun sich die Einheimischen ohne Wohneigentum schwer, überhaupt noch eine bezahlbare Wohnung zu finden. Dort, wo die Touristen in der Überzahl sind, wächst nicht nur der Unmut der Alteingesessenen, in der Nebensaison verkommen die Straßen zu regelrechten Geisterstädten. Kein Wunder, dass viele Städte die Zweckentfremdung von Wohnraum zur Ferienvermietung längst verboten haben. Fairerweise muss man dazu sagen: Nicht nur über Airbnb kann man Wohnraum zweckentfremden, als größter Anbieter steht Airbnb jedoch zwangsläufig im Rampenlicht. Wohl auch deshalb hat das Unternehmen mit hunderten von Städten Abkommen geschlossen, um sicherzugehen, dass die Gastgeber Steuern zahlen und teils auch die Kurtaxe erheben.

## Aber

Laut der Studie des Instituts der deutschen Wirtschaft (iwd) hat das Sharing aber auch in Städten mit knappem Wohnraum und hohen Mieten seine Vorteile, denn »die Einnahmen, die sich über Airbnb erzielen lassen, können den eingesessenen Bewohnern der gentrifizierten Innenstadtquartiere auch dabei helfen, ihre Wohnungen trotz steigender Mieten zu halten«. Obwohl der Anteil der auf Airbnb gelisteten Wohnungen in touristischen Vierteln beispielsweise von Barcelona bis zu 15 Prozent betragen kann, liegt der Durchschnitt in allen deutschen Städten unter einem Prozent.

### So wehren sich die Städte

- Amsterdam: Wohnungen dürfen insgesamt nur 30 Tage im Jahr als Ferienunterkunft vermietet werden.

- Berlin: Es ist eine Genehmigung erforderlich, wenn die Wohnung mehr als die Hälfte der Zeit kurzzeitvermietet wird.

- Barcelona: Zur Vermietung von Ferienappartements braucht man eine Genehmigung, derzeit werden jedoch keine neuen Genehmigungen ausgestellt.

- Las Vegas: Ferienvermietungen sind nur erlaubt, wenn der Wohnungsbesitzer ebenfalls anwesend ist.

- London: Wohnungen dürfen nur 90 Tage im Jahr als Ferienappartement vermietet werden.

- Mallorca: Es werden keine neuen Genehmigungen für Ferienvermietungen mehr ausgegeben.

- New York: Vermietungen für weniger als 30 Tage sind nicht erlaubt, es sei denn, der Gastgeber ist anwesend.

- Paris: Ferienvermietungen sind nur für bis zu 120 Tage im Jahr möglich.

- Singapur: Öffentlicher Wohnraum muss für mindestens sechs Monate vermietet werden.

- Japan: Maximal 180 Tage Ferienvermietung sind im Jahr erlaubt.

- Reykjavík: Bei mehr als 90 Tagen Ferienvermietung ist eine Genehmigung erforderlich.

# AUF REISEN ENTKOMMT MAN DEM JETLAG NICHT

Eigentlich klingt das Wort »Jetlag« ziemlich harmlos. Nach Jetset und durchgemachten Nächten, nach fernen Ländern und Exotik. Wer ihn selbst erlebt hat, weiß: Jetlag bedeutet bleierne Müdigkeit, die natürlich in den dümmsten Momenten zuschlägt. Während einer Museumsführung zum Beispiel. Oder als Schlafattacke im Restaurant: Richtig peinlich wird es, wenn der weit gereiste, aber unausgeschlafene Gast mitten im Dinner in die Suppe sinkt – und beim jähen Aufschrecken ahnt: Es war nicht das letzte Mal. Denn Jetlag hat nichts mit Reiseerfahrung zutun. Der Körper gewöhnt sich auch nach der zehnten Reise nicht daran. Nicht einmal verlassen kann man sich auf ihn: Ob und wie er zuschlägt, ist jedes Mal wieder eine Überraschung, obwohl man die medizinischen Hintergründe recht gut kennt: Viele Körperfunktionen werden vom circadianen Rhythmus gesteuert, von der »inneren Uhr« des Nucleus suprachiasmaticus, einem Teil des Hypothalamus, die sich wiederum am Hell-Dunkel-Rhythmus des Tages orientiert. Sobald es dunkel wird, schüttet die Zirbeldrüse eine Extradosis des Hormons Melatonin aus, die dem Köper signalisiert: Zeit zu schlafen! Bei interkontinentalen Reisen gerät dieser Zeitgeber durcheinander – zum Beispiel, weil das Auge dem »schlafenden« Nucleus suprachiasmaticus überraschenderweise Licht meldet.

Normalerweise dauert es einige Tage, bis sich die innere Uhr mit dem Tag-Nacht-Rhythmus der neuen Zeitzone synchronisiert hat. Je größer der Unterschied, desto schwieriger die Anpassung. Die Daumenregel besagt: pro Zeitzonenstunde ein Tag für die Umstellung ... bei einer Reise nach Australien klingt das vielversprechend!

Natürlich gibt es auch allerhand Tipps dagegen: viel trinken, spazieren gehen, nicht so schwer essen. Wirklich überzeugend klingt das nicht, oder? Mitunter muss man da schon mal in die Trickkiste greifen:

Beim Länderspiel gegen Kasachstan im Oktober 2010 ließ der Trainer der deutschen Fußballnationalmannschaft für die Dauer des Aufenthalts in Astana einfach die Fenster mit schweren, dunklen Gardinen verhängen, orderte die Mahlzeiten nach deutscher Zeit und ließ damit die innere Uhr der Spieler im Irrglauben, noch in

Deutschland zu sein. Das Ergebnis: 3:0 für die zeitge-
foppten Deutschen. Ganz so einfach können es sich die
meisten Reisenden leider nicht machen. Zum Beispiel
weil Museen und Geschäfte nur tagsüber geöffnet sind.

Wer sich dennoch an diese Methode halten möchte,
braucht eine Luxusunterkunft. Die ist nämlich durchaus
mal mit allerhand Extras für von Jetlag geplagte (meist
Geschäfts-)Reisende ausgestattet. Besonders dichte Vor-
hänge und simuliertes Tageslicht helfen beim Einschla-
fen, und auch der Room Service ist auf den verwirrten
Gast eingerichtet: Frühstück rund um die Uhr und keine
Putzfrau, die um acht Uhr an der Tür klingelt.

Für alle, deren Portemonnaie keine Fünf-Sterne-Be-
handlung hergibt, kann man nur empfehlen: unbedingt
einen Nachtflug buchen, der früh morgens am Zielort ankommt. Wer jetzt durchhält und dem Mittagsschläfchen
widersteht, ist abends so müde, dass Durchschlafen kein
Problem mehr sein sollte. Reisende nach Japan, Taiwan,
Neuseeland oder in andere Länder mit vielen heißen
Quellen sind mit einem Bad in den hoteleigenen Anlagen
gut beraten. Kaum ein Hausmittel macht so schläfrig wie
heißes Wasser – oder eine Massage, wenn man denn das
Glück hat, in der Nähe des Hotels einen günstigen Salon
zu finden. Die mächtigste Waffe gegen den Jetlag heißt jedoch Licht! Nur wer dem Gehirn ordentlich heimleuch-
tet, zeigt ihm, wann es gefälligst auf Tag umzustellen hat.

Der Tipp, unterwegs in die neue Zeitzone nur leich-
te Mahlzeiten einzunehmen, klingt auf den ersten Blick

wenig überzeugend – warum sollten Schweinebraten und Kloß den Jetlag verstärken? Neuere Forschungen belegen jedoch, dass eine rund 15-stündige Fastenzeit den Reset der inneren Uhr erleichtert. Anscheinend gibt Hunger dem Magen Vorfahrt vor der circadianen Uhr und zwingt sie, sich an den Nahrungsrhythmus anzupassen – schließlich soll der Mensch nicht vor lauter Müdigkeit verhungern! Für die Reiseplanung bedeutet das: Lassen Sie das labberige Flugzeugmenü in der Alukiste links liegen und freuen Sie sich auf eine Mahlzeit am Ziel.

Falls Sie das Gefühl haben, eine der obigen Methoden wirkt besonders gut, dann merken Sie sie sich, denn zurück in der Heimat geht das Theater gerade noch mal von vorne los, allerdings mit den Bonus-Tracks »feste Arbeitszeiten« und »Familienalltag«.

## Gut zu wissen

Medikamentös lässt sich natürlich auch was machen: Das Hormon Melatonin, die Anti-Jetlag-Droge schlechthin, ist in vielen Ländern frei verkäuflich und verspricht eine schnellere Adaptation des circadianen Rhythmus an den Tag-Nacht-Rhythmus vor Ort. Allerdings ist die Medikamentenfälschung gerade in Asien, Afrika und Lateinamerika ein gigantisches Geschäft, sodass man sich nicht immer auf den Inhalt verlassen kann. Auch die Diskussion, ob Melatonin als Medikament oder Nahrungsergänzungsmittel verkauft werden darf und inwieweit Nebenwirkungen zu befürchten sind, ist in vielen

Ländern noch nicht abgeschlossen. Bevor Sie großzügig Melatonin einpacken, lohnt es sich, online nachzuschauen, in welchen Ländern es verboten ist.

# AUF REISEN WIRD MAN SCHWER GERETTET

10
Unfall

Eine Reisekrankenversicherung, das weiß jedes Kind, gehört zu außereuropäischen Reisen unbedingt dazu. Was, wenn der schusselige Schnorchler auf dem Weg ins Wasser auf einen Seeigel tritt? Oder ihn gar eine fiese Qualle umarmt? Wenn ihn ein Moped auf dem Zebrastreifen erwischt? Krankenhauskosten können im Ausland schnell in die Zehntausende gehen. Euro natürlich. Was jedoch die Wenigsten bedenken: Die Chancen, es bis auf den teuren OP-Tisch zu schaffen, stehen vielerorts ziemlich schlecht. Nicht bei dem Seeigel-Fuß, da bleibt ja noch das Taxi, aber in allen anderen ernsten Fällen. Es ist nämlich so: Nur wenige Länder der Welt haben einen echten, immer erreichbaren, landesweiten Rettungsdienst. Derzeit sind es um die 70, davon 47 in Europa. Zur Erinnerung: Es gibt 195 Staaten, plus/minus einige Territorien, deren Existenz politisch nicht überall anerkannt ist. Die Differenz ist ziemlich furchterregend: In mehr als 120 Ländern bleibt man nach einem Verkehrsunfall im Zweifelsfall einfach liegen oder wird auf einem Holzkarren ins Hospital gezogen, wenn es die Einheimischen gut mit einem meinen. Darunter sind übrigens auch einige beliebte Feriendestinationen: Wetten, Sie haben sich noch nie Gedanken gemacht, wie man in Sri Lanka nach einem Unfall ins Krankenhaus kommt? Die Björn-Steiger-Stiftung schon, sie baut derzeit in Sri Lanka einen Rettungsdienst auf. Will heißen: Bisher gab es nur Flickwerk. Auch in der Dominikanischen Republik, einem bei Deutschen sehr beliebten Urlaubsziel, ist der Rettungsdienst nur in den Touristenzentren und der Hauptstadt verfügbar. Gleiches gilt für Indien, die Malediven und Kenia. Die Tatsache, dass es eine Notrufnummer gibt, sollte Sie nicht in Sicherheit wiegen. Nur weil man irgendwo anrufen kann, heißt es noch lange nicht, dass auch wirklich jemand kommt. In Ägypten zum Beispiel kann es mitunter Stunden dauern, genauso in Brasilien und in Bulgarien, wo 13 Rettungsfahrzeuge für die Hauptstadt Sofia im Einsatz sind. Aber selbst in Spanien muss man sich hier und da über die Anfahrtszeiten wundern.

Natürlich gibt es auch positive Entwicklungen: Thailand besitzt seit einigen Jahren endlich einen landesweiten Rettungsdienst und in Indien gibt es seit 2012 immerhin eine landesweit einheitliche Rufnummer, wenn auch beileibe nicht überall einen Krankenwagen, den man dann losschicken könnte. Die im Hinduismus heiligen Kühe haben es da in der Provinz Uttar Pradesh schon besser, seit 2017 gibt es dort eine Kuh-Ambulanz, die kranke Tiere direkt in eine Tierklinik oder ein Kuh-Pflegeheim bringt. Ansonsten kann man nur hoffen, beim eigenen Rettungstransport keiner Kuh zu begegnen, denn die heiligen Tiere haben grundsätzlich Vorfahrt.

## Praxistipp

Vor der Reise einfach mal googeln: Wie ist die lokale Notrufnummer? Wie viele Ambulanzen gibt es? Wie sieht es mit den Response-Zeiten aus? Und ist vielleicht ein privater Dienst die bessere Alternative? Am besten macht man das alles schon zu Hause und nicht erst, wenn man blutend am Straßenrand steht und vor Schock nicht mal mehr die PIN des Handys hersagen kann, geschweige denn in der Lage ist, im Netz zu recherchieren.

# REISEN SELBER PLANEN IST NICHT IMMER GÜNSTIGER

Reisen als Gesamtpaket buchen, das hat ein bisschen was von Nix-Könner. Nur Menschen, die sich die Planung einer Reise ins Ausland nicht zutrauen, sich in der Welt nicht auskennen und jedes Risiko scheuen, buchen das Komplettpaket im Reisebüro. Oder? Außerdem verdienen doch in diesem Fall Reiseveranstalter und Reisebüro mit, vermutet manch ein Reisender nicht ganz zu Unrecht.

Also macht man sich daran, in mühevoller Arbeit alles selbst zusammenzustellen: Flug, Transfers, Hotels und Ausflüge. Und mal ehrlich: 2.598 Euro pro Person für drei Wochen Thailand mit Dschungelausflug? Das wäre doch gelacht, wenn wir das nicht billiger hinkriegen ... Sich schon vor der Reise mit dem Land zu beschäftigen, sorgfältig auszusuchen und Hotels zu vergleichen, kann richtig Spaß machen und als kleinen Nebeneffekt bekommt man auch noch allerhand Hintergrundkenntnisse zum Reiseziel gratis dazu. Ob sich der Aufwand rein wirtschaftlich lohnt, das steht auf einem anderen Blatt. Problematisch ist: Läuft etwas schief oder passen die einzelnen Teile der Reise doch nicht so recht zusammenpassen, ist niemand dafür verantwortlich. Außer Ihnen selbst natürlich. Und es gibt so viele Kleinigkeiten, die schief gehen können: Woher bitte soll man auch wissen, dass es keine Transfermöglichkeiten zum Flughafen gibt, weil der Flug zu verboten früher Stunde geht und das Taxi ein Vermögen kostet? Oder dass das schicke Hotel leider an einem Strandabschnitt liegt, an dem es sich dank fieser Strömungen nicht baden lässt? Was passiert bei Schimmel im Zimmer? Die Beschwerde beim Veranstalter, der bei Komplettpaketen für das reibungslose Zusammenspiel der Leistungen geradesteht, entfällt ja nun. Vor allem aber steht man allein für den Dominoeffekt gerade, wenn beispielsweise der Flug verspätet ist und dadurch die vorgebuchten Zugtickets ungültig werden und damit wiederum die Hotelbuchung flöten geht. Das wichtigste Argument ist allerdings der Preis. Denn entgegen aller Vorurteile sind Pauschalreisen oft günstiger als einzeln gebuchte Bausteine – und um hier keine Missverständnisse aufkommen zu lassen:

Pauschalreise ist nicht gleich Gruppenreise. Schon die Kombination aus Flug und verschiedenen Hotelbuchungen gilt als Pauschalreise! Mitunter ist die Kombi aus Flug und Hotel sogar günstiger als die reine Hotelbuchung. Das Geheimnis hinter diesem Preismysterium lautet »Buchungsvolumen«. Reiseveranstalter kaufen Zimmer gleich in großen Kontingenten, manchmal sogar ganze Hotels über Wochen hinweg. Logisch, dass dann die Preise purzeln. Selbst mit einem ordentlichen Profit für den Veranstalter und vielleicht auch noch das vermittelnde Reisebüro sind Zimmer dann mitunter günstiger, als es die Preise der Buchungsportale je sein können.

### Aber

Wagemutige Abenteurer, denen die Flexibilität wichtiger ist als Sicherheit, müssen hier nicht weiterlesen. Für alle anderen gilt: Je länger Sie an einem Ort bleiben und je wichtiger die Urlaubskomponente ist, desto eher lohnt es sich, einfach in den Reisekatalogen zu blättern. Sagt ja niemand, dass man sich nicht trotzdem mal allein in die Stadt wagen darf und unbedingt Vollpension buchen muss.

# AUF REISEN GEHT MAN VERLOREN

**12**
**Karten**

Reisende über 30 erinnern sich noch: Es gab einmal eine Zeit, da brauchte man unterwegs noch echte Karten. Aus Papier! Gut war auch, wenn man ungefähr wusste, wo welche Himmelrichtung lag und was ein Maßstab ist, sodass man grob einschätzen konnte, ob die fünf Zentimeter auf der Karte fünf Minuten oder zwei Stunden Fußweg darstellten. Je weiter man sich von zu Hause entfernt befand, desto wertvoller waren sie – weil oft nur schwer ersetzbar – und meist auch umso kryptischer. In meinem Schrank habe ich noch eine zwei mal zwei Meter große Karte von Beijing, die mir in den Zeiten, als das GPS noch erfunden werden musste, gute Dienste leistete, auch wenn sie nicht gerade durch Handlichkeit bestach und auf Chinesisch beschriftet war. Entziffern musste man Karten unterwegs oft allein, denn auch die Einheimischen waren im Umgang mit dem Kartenmaterial nicht immer sattelfest.

In besonders guter Erinnerung habe ich einen freundlichen Bangkoker, dem es offenbar schwerfiel, zuzugeben, dass er den Busbahnhof nicht auf der Karte finden konnte. Nach einigem ratlosen Fingerrühren auf meinem Stadtplan drehte er das Papier auf die Rückseite, wo sich eine Karte von ganz Thailand befand. Geradezu triumphierend deutete er auf Bangkok und verabschiedete sich. Das war auf meiner ersten großen Asienreise und nur der Auftakt für viele spannende Wegbeschreibungen, die leider nicht immer alle zielführend waren.

Heute ist das natürlich anders, mag jetzt manch einer einwerfen: Dank GPS und Navi kann man praktisch blind durch Europa fahren und noch zielgenau jede Mülltonne in irgendeinem abgelegenen Kaff ansteuern. Theoretisch. Eine echte Macke bekam diese These, als ich das letzte Mal mit meinem Navi durch Frankreich fuhr und es – kein Witz – alle französischen Ortsnamen deutsch aussprach, also nicht Marseille sondern »mahseile«, was es wiederum ziemlich schwer machte, die Namen mit den Schildern abzugleichen. Dann eben per Handy, könnte man nun denken. Das funktioniert in Europa ziemlich gut, vor allem, wenn man sich die relevanten Karten vorher zur Offlinenutzung heruntergeladen hat. Außerhalb Europas allerdings wird es schwierig, denn zur Navigation braucht man eine Internetverbindung, und die ist jenseits der Hotel-WLANs oft horrende teuer. Mit einem Male sind dann doch Karten wieder eine solide Option. Dumm ist nur, dass handyverwöhnte Reisende sich hier und da schwertun, diese zu lesen.

Da die Navigation per Karte im Ausland zu den besten Scheidungsgründen gehört – vor allem bei gemeinsamen Autofahrten –, schadet es nicht, vor der Abreise eine vernünftige Straßenkarte zu besorgen und diese vielleicht auch schon mal in einer ruhigen Minute betrachtet zu haben.

## Praxistipp

In vielen Ländern der Welt kann man sich schon direkt am Flughafen eine lokale SIM-Karte mit Internetkontingent oder – noch besser – unbegrenzter Internetnutzung kaufen. Oft muss man dazu den Pass vorlegen.

Wenn dies nicht möglich ist oder man die deutsche SIM-Karte weiter nutzen möchte, zum Beispiel, um über die reguläre Handynummer erreichbar zu bleiben, dann ist ein portables WiFi-Gerät eine Option. Diese lassen sich ebenfalls mit einer SIM-Karte bestücken. Alternativ kann man diese Geräte auch ausleihen. Der Vorteil ist: Über das

WiFi-Gerät lassen sich mehrere Handys und Computer mit dem Internet verbinden.

# AUF REISEN IST DAS GEPÄCK NUR VIELLEICHT DABEI

**13**
**Koffer**

Flughafen Frankfurt am Main, eine Dreiviertelstunde nach der Landung: Auf dem Gepäckband vor mir drehen ein paar verwaiste Kisten ihre einsame Runde. Mit wachsender Verzweiflung starre ich auf die Öffnung, aus der nur noch sporadisch Koffer und Rucksäcke purzeln, bis irgendwann gar nichts mehr kommt und das Band anhält. Die Nachbarbänder habe ich bereits überprüft, dreimal auf der Anzeigetafel nachgeschaut und auch schon am Schalter gefragt: Jawoll, der Flug aus Peking läuft auf Band drei, keine Zweifel. Nur dass mein Gepäck eben nicht dabei ist. Ganz offensichtlich ist es in den Weiten des Flughafens verschwunden.

Fragt sich nur WELCHEN Flughafens ... Wenn Gepäck verschwindet, kann das viele Gründe haben. Die einfachste Lösung: Der Rucksack wartet am Schalter für Sperrgepäck. Zum Beispiel, weil er eine unhandliche Form hat, oder weil er wirklich ziemlich groß ist. Die anderen Alternativen sind schon weniger schön. Gut möglich, dass er falsch verladen wurde und nun in Nairobi herumsteht. Oder die Umsteigezeit war zu kurz und er hat, anders als der Besitzer, den Anschlussflug nicht mehr bekommen. Auch das ist weniger schlimm, vorausgesetzt man hat noch eine Ersatzunterhose und T-Shirt im Gepäck. Wer diese missliche Lage umgehen will, wirft bei der Flugbuchung einen Blick auf die Minimum Transfer Time des Umsteigeflughafens. Sie variiert meist zwischen 60 und 90 Minuten, bei chaotischen Airports darf man auch noch ein paar Minuten dazugeben. Ist die Umsteigezeit kürzer als die angegebene Zeitspanne, wird es knapp und der Koffer kommt frühstens mit dem nächsten Flieger der Fluggesellschaft und folgt dann meist per Taxi oder Kurier dem Besitzer. Manchmal allerdings ist es eine Trennung für immer – zum Beispiel, weil das Gepäck nur so vor losen Gurten, herabbaumelnden Schnallen und anderen Extras strotzt, die sich in den Transportbändern verhaken. Was auf den unterirdischen Anlagen vom Band fällt, kommt erst viel, viel später wieder zutage. Wenn überhaupt ... Der Zeitraum, nach dem ein Gepäckstück aus der Kategorie »missing« in die Kategorie »lost« rutscht, variiert je nach Fluggesellschaft zwischen fünf und 30 Tagen. Erst dann kann man die komplette Haftungssumme einfordern.

Doch wie oft verschwindet Gepäck eigentlich? In dieser Frage zeigen sich die Airlines verständlicherweise ziemlich zugeknöpft. Wer will schon zugeben, dass ihm hin und wieder eine Tasche abhandenkommt? Insgesamt verbummeln die Fluggesellschaften laut Bericht der SITA rund 22,7 Millionen Gepäckstücke, das sind etwas mehr als 5,5 Koffer pro tausend Passagiere. Falls

Sie jetzt schon die Verlustangst befällt: 99,5 Prozent der vermissten Gepäckstücke tauchen laut International Air Transport Association (IATA) wieder auf. Diese Statistik verteilt sich allerdings recht unregelmäßig. Auf Deutsch gesagt: Es gibt Airlines, denen geht kaum etwas verloren, bei anderen darf man schon weniger optimistisch sein. Welche das genau sind, lässt sich leider nicht immer feststellen.

Bis 2008 erstellte die Association of European Airlines einmal im Jahr einen Lost Baggage Report, der alle europäischen Airlines in dieser Hinsicht verglich. Dieses ziemlich interessante Ranking wurde 2014 allerdings eingestellt, weil sich die Fluggesellschaften am oberen Ende der Liste an den Pranger gestellt fühlten. Immerhin, für die USA gibt das Department of Transportation (DOT) den »Mishandled Baggage Report« heraus. Für Asien gibt es keine gesonderte Statistik, aber die gute Nachricht ist, dass hier besonders selten Gepäck verschwindet: Gerade mal 1,9 Stücke pro tausend Passagiere waren es 2017.

Eine andere wichtige Frage ist: Wie sieht das Gepäck aus, wenn es ankommt? Bei diesem Thema denke ich an eine geradezu traumatische Szene, die sich vor vielen Jahren am Flughafen Bangkok abspielte: Wir waren bereits ausgestiegen und liefen eine Glasfront entlang, die den Blick auf das gerade gelandete Flugzeug freigab – und die Entladung. Mit Schwung warfen die Flughafenarbeiter die Koffer und Rucksäcke aus dem Bauch der

Maschine und sahen zu, wie sie lustig über den Asphalt hüpften. Zerbrechliches habe ich seither nicht mehr im Koffer. Ähnlich überrascht dürften auch die Zuschauer der Walraff-Undercover-Reportage reagiert haben, die 2019 die Zustände am Düsseldorfer Flughafen dokumentierte. Auch wenn mutwillige Zerstörungen an den meisten Flughäfen wohl eher nicht an der Tagesordnung sind, lohnt es sich, in stabiles Reisegepäck zu investieren.

## Aber

Verschwundenes Gepäck ist ein Albtraum, doch der wird immer seltener. Dank neuer Technologien sind Gepäckstücke immer öfter automatisch erfassbar, zum Beispiel wenn RFID-Anhänger zum Einsatz kommen. Etliche Airlines und Flughäfen arbeiten bereits damit, bei Etihad lassen sich die Gepäckstücke sogar per App verfolgen.

Wer darauf nicht warten will, kann mittlerweile kleine GPS- oder GSM-Sender kaufen, die aus dem Koffer permanent ihre Position senden – einfach nach »Luggage Tracking System« suchen. In Japan und Südkorea funktionieren nicht alle, aber ganz ehrlich: In diesen Ländern verschwindet sowieso nichts …

Auf Reisen in die USA (und mehr als 25 weitere Ländern wie Japan, Kanada, Südkorea und Österreich) lohnt es sich, so genannte »TSA approved« Kofferschlösser zu verwenden. Diese sind mit einem Zahlencode gesichert, können von den Sicherheitskräften jedoch mit einer Art Generalschlüssel geöffnet werden. »Dann kommt ja jeder an meinen Kofferinhalt«, könnte man einwenden. Stimmt. Ein Dieb lässt sich allerdings sowieso nicht von einem kleinen Schloss abhalten, denn das ist im Handumdrehen mit einer Zange durchgeknipst.

# AUF REISEN IST NICHTS SICHER

**14**
Überbuchungen

Auf Reisen ist es wie überall im Leben: Wirklich verlassen kann man sich auf nichts und niemanden. Das klingt frustriert und verbittert? Vielleicht. Doch Hotels und Airlines können ein Lied davon singen. Nur weil ein Passagier oder Gast gebucht hat, heißt das noch lange nicht, dass er auch auftaucht und seinen Platz oder sein Zimmer auch wirklich belegt. Da Airlines natürlich ihre Flugzeuge möglichst vollständig besetzen möchten, gehen sie willentlich das Risiko ein, zu viele Plätze zu verkaufen. Bis zu zehn Prozent beträgt die »No-show«-Rate, und genauso viele Tickets verkauft die Fluggesellschaft idealerweise über die Vollbelegung hinaus. Für den Reisenden bedeutet das dann ebenfalls: Wirklich verlassen kann man sich auf nichts und niemanden ...

Solange man es nicht eilig hat, kann dies durchaus eine gute Nachricht sein, denn eine Umbuchung aufgrund von Überbuchung geht mit Entschädigungen einher, die sich je nach Land durchaus unterscheiden. In Europa haben Passagiere laut Fluggastrechteverordnung (EG) 261/2004 Anspruch auf 250 Euro auf einer Strecke bis 1.500 km, 400 Euro gibt es bei bis zu 3.500 km und 600 Euro bei allen anderen Flügen.

In den USA gibt es noch ein wenig mehr: Geht der Ersatzflug ein bis zwei Stunden später, muss die Airline 200 Prozent des One-Way-Tickets zahlen, ab zwei Stunden sind es sogar 400 Prozent. Die maximale Summe ist allerdings bei 1.350 US-Dollar gedeckelt. Zudem schmeißt die Fluggesellschaft meist nicht wahllos Reisende von der Passagierliste, sondern versucht, durch verlockende Angebote Freiwillige zu finden. In diesem Fall allerdings entfällt die Entschädigung. Auch Hotels verhalten sich ähnlich: Rund ein Zehntel der Zimmer werden über die Vollbelegung hinaus verkauft. Meist geht das erstaunlich gut: Weil wirklich viele Menschen ihre Pläne in letzter Sekunde ändern, krank werden, sich verspäten oder sonst wie einfach nicht auftauchen. Mit dem Aufstieg der Buchungsplattformen hat sich dieses Phänomen noch ein wenig verschärft: Gratis Stornierungsmöglichkeiten geradewegs bis zur letzten Minute sind fast schon selbstverständlich und machen es noch ein bisschen schwerer, die Zimmerbelegung zu planen. Kein Wunder, dass es hier und da heißt: Sorry, wir sind ausgebucht. In diesem Fall lohnt es sich nicht, an der Rezeption einen Wutanfall hinzulegen, denn voll ist voll. Doch wie suchen Hotels den Überbuchungskandidaten aus? Ganz oben auf der Liste stehen all jene Gäste, die über eine Buchungsplattform gebucht haben und damit wahrscheinlich zum Schnäppchenpreis übernachten. Auch wer nur eine Nacht bleibt, zum ersten Mal in diesem Hotel wohnt und auch noch allein reist, gehört zu den Kandidaten für eine Umbuchung. Auch hier muss die missliche Lage nicht wirklich negative Auswirkungen auf den Gast haben, denn jedes anständige Hotel wird versuchen, ihn adäquat oder besser unterzubringen, inklusive Taxifahrt zur neuen Unterkunft. Und falls nicht: dann vielleicht doch ein bisschen Theater an der Rezeption ...?

## Harte Fakten

Rund 250.000 Passagiere werden nach Schätzungen der EU-Kommission jedes Jahr in Europa wegen Überbuchung auf andere Flüge verteilt.

# AUF REISEN SIND IHRE DATEN NICHT SICHER

Von unterwegs aus mal schnell einen Blick auf die E-Mails werfen, den Kontostand checken oder gar die eine oder andere Überweisung tätigen? Kein Problem, es gibt ja jede Menge Handy-Apps, die das ganz einfach möglich machen. Damit aus dem Ausland, vor allem bei Fernreisen, keine Extrakosten anfallen, bietet es sich an, das kostenlose Hotel-WLAN zu nutzen. Da wundert es wenig, dass bei einer Umfrage des Onlinedatenanbieters Statista aus dem Jahr 2017 nach den wichtigsten Serviceangeboten im Hotel der Zugang zum Internet ganz oben auf der Liste stand, weit vor Parkplätzen und anderen Extras:

Für 80 Prozent aller Reisenden ist das WLAN essenziell. Genauso viele dürften es dann auch benutzen. Auf dem Zimmer angekommen ist das WLAN schnell eingerichtet: Das richtige Netzwerk ausgesucht, mit ein wenig Glück ist nicht einmal ein Passwort erforderlich, und schon kann es losgehen. Welches Netzwerk dabei das richtige ist, erkennt man meist am Namen: »Hotel«, »Guest« sind klassische Varianten und die wenigsten Gäste halten sich damit auf, diesen Namen noch einmal zu überprüfen. Auch Cyberkriminelle wissen das. Für sie reicht es, in der Nähe des Hotels einen eigenen WLAN-Hotspot einzurichten und ihm eine plausible Bezeichnung zu geben. Alles Weitere ist ein Kinderspiel: Vom E-Mail-Log-in bis zu den Bankpasswörtern lässt sich nun alles mitverfolgen – und natürlich auch missbrauchen. Vielleicht nutzen sie die Verbindung aber auch, um Malware zu installieren oder den Gast auf Phishing-Seiten umzuleiten. Ein Indiz, dass man auf einer solchen gefälschten Seite gelandet ist, kann die Meldung »Authentifizierung fehlgeschlagen« sein. Nachdem der Angreifer die Anmeldedaten bekommen hat, leitet er nun auf die richtige Seite weiter, wo die Anmeldung natürlich wieder funktioniert. Auch an Flughäfen und in Restaurants ist diese Methode beliebt. Dass es in Hotels um die Cybersicherheit nicht zum Besten steht, zeigt auch der Blick auf die Hotelsoftware selbst, denn auch die ist nicht immer so sicher, wie man es sich als

Kunde wünschen würde: Am 30. November 2018 veröffentlichte der Hotelkonzern Starwood, eine Tochtermarke des Marriott-Konzerns, zu dem die Marken Westin, Sheraton, Le Méridien, St. Regis und W Hotels zählen, dass sagenhafte 339 Millionen Datensätze von Kunden gestohlen worden waren: Kreditkartennummer, Kartenablaufdatum, Geburtsdatum, Telefon- und Ausweisnummern, Reservierungsdaten ... kurzum alles, was man braucht, um mit den Daten so richtig Schindluder zu betreiben. Und nicht nur das: Die Lücke blieb fast vier Jahre lang unentdeckt! Dass es ausgerechnet Marriott bzw. Starwood erwischte, ist übrigens eher zufällig – auch Hyatt, Hilton, Radisson und Intercontinental waren in der Vergangenheit betroffen, um nur einige zu nennen –, denn die Sicherheitsprobleme sind branchentypisch: Wo viele Unternehmen, sprich die Hotels einer Kette zusammenarbeiten, sind naturgemäß nicht immer alle gleich gut gewartet und nicht immer alle auf dem gleichen technischen Stand. Klassisches Einfallstor ist das sogenannte Property Management System PMS. Hier werden die Buchungen erfasst, Kreditkartendaten gespeichert, Schlüssel herausgegeben. Oft sind die PMS veraltet und damit angreifbar. Mit ein bisschen Glück gibt es aus dem PMS heraus eine Verbindung in das Netz (Corporate System) der Hotelkette. Kein Wunder, dass die Hotelbranche überdurchschnittlich oft von Cyberangriffen betroffen ist.

Leider kommt man als Gast nicht umhin, seine persönlichen Daten zu hinterlassen, ohne Namen und Kreditkarte gibt es nun mal keinen Check-in. Und auch während des Aufenthalts fallen weitere Daten an: Drei Schmuddelfilme geschaut und dafür bezahlt? Steht natürlich im System, genauso wie die Taxibestellung und der Abreisetermin.

Selten sind solche Sicherheitsprobleme übrigens nicht: Laut dem 2019er Hospitality Guest Cybersecurity Threat Index des Cybersecurity-Unternehmens Morphisec geben immerhin neun Prozent der befragten Reisenden an, bereits Opfer einer Cyberattacke oder eines Datenlecks im Hotel gewesen zu sein. Die Tendenz, den Zimmerzugang per Gesichtserkennung zu regeln, wie es teils in Japan und China schon umgesetzt wird, ist unter diesen Vorzeichen geradezu furchterregend.

### Praxistipp

**Auf Nummer sicher gehen**

Gegen den Datenklau durch falsche WLANs gibt einfache, aber wirksame Methoden: Genau hinschauen, ob es sich um das richtige WLAN handelt – und die Bankgeschäfte über eine mobile Roamingverbindung abwickeln. Zumindest innerhalb der EU ist das kein Kostenfaktor mehr, dafür aber sicher. Wer unbedingt auf Reisen Banking betreiben will oder andere sicherheitsrelevante Apps nutzt, ist im außereuropäischen Ausland auch gut mit einem portable WLAN bedient, mit dem sich ebenfalls eine sichere Verbindung aufbauen lässt. Alternativ tut es auch die Verbindung über einen VPN-Tunnel, dessen Software man sich aber schon in der Heimat aufs Handy laden sollte (wie dies funktioniert, lesen Sie auf Seite 93).

# REISEN IST EINE BAKTERIEN-DUSCHE

Ein Griff an die Lehne des Flugzeugsitzes, die Klinke der Restauranttoilette oder einfach nur das Geländer auf dem Weg hinunter zur U-Bahn: Alle diese Gesten haben etwas gemeinsam: Es wimmelt dort nur so vor Bakterien. Und dies nicht erst seit der Corona-Pandemie. Selbstverständlich gilt das auch für Flugzeuge. Aktuelle Untersuchungen, wie schlimm es dort um die bakterielle Belastung steht, findet man jedes Jahr rechtzeitig zur Reisesaison – die ganz trefflich ins Sommerloch der Zeitungen fällt – auf den Titelseiten der Zeitungen.

Das Dumme ist, all diese Horrorgeschichten sind ... wahr. Solange das Immunsystem auf Vordermann ist, muss man sich darüber nicht weiter aufregen, mit ein paar Bakterien und Viren wird der Mensch schon fertig. Nur allzu oft steigt man jedoch schon angegriffen in den Flieger: den ganzen langen Tag wach gewesen, dann abends zum Flughafen, über Nacht in der Economy mit den Knien an den Ohren vergeblich um Schlaf gerungen und am frühen Morgen in der Ferne angekommen ... So mögen das die Bakterien an der Schnalle des Flugzeuggurtes oder auf der Toilettenklinke. Auch die kleinen ausklappbaren Tische an der Rückenlehne des Vordermanns sind ein vortrefflicher Ort, die Anzahl der Lebewesen auf der Hand zu vertausendfachen.

## Harte Fakten

Besonders viele Keime finden sich

- auf den Klapptischen der Flugzeuge
- in der Sitztasche
- an der Toilettenspülung im Flughafen
- an Klinke und Schloss der Toilettentür am Flughafen
- Überall dort, wo es Glück bringt, mal anzufassen: Die Bäuche der dicken Buddhas in Asien, die Hamburger Zitronenjette, die Brüste der Julia-Statue in Verona ... Das Unternehmen Atlas Biomed untersuchte 2019 24 Statuen in Europa und fand jede Menge ekelhafte Erreger, von Staphylokokken bis Pseudomonas, die wiederum besonders oft Antibiotikaresistenzen aufweisen.

Aber vielleicht ist es ja gut, dass man schon unterwegs eine kleine Bakterien- und Virendusche bekommt, denn in der Ferne angekommen geht es munter weiter. Krankheitserreger warten an den unmöglichsten Orten. Wer denkt schon darüber nach, ob der Pool im Vier-Sterne-Hotel wirklich sauber ist? Oder ob sich der Frühstückskoch am Hintern gekratzt hat? Oder wer ahnt schon, dass das Wasser aus der Dusche schon tropfenweise einen Mikrobiologenkongress beschäftigen könnte? Hier ein paar schöne, geradezu wahllose Beispiele: Ein paar Tropfen Wasser verschluckt und schon ist man nicht mehr allein: Die Amöbe Giardia lamblia kann man sich zum Beispiel in Südasien unter der Dusche holen. Wer hält schon immer den Mund hermetisch geschlossen? Beim Zähneputzen funktioniert das natürlich auch und sogar im chlorierten Pool. Die Folgen: ein Durchfall, der sich (in diesem Fall wortwörtlich) gewaschen hat. Ebenfalls in der Dusche wartet die Legionärskrankheit: Legionellen lieben lauwarmes Wasser und vermehren sich gerne im Duschkopf. Atmet man die Erreger mit dem Wasserdampf ein, ist von einer grippeähnlichen Erkrankung bis zur Lungenentzündung alles drin. Jeder siebte Fall endet tödlich. Die Hälfte aller Ägyptenurlauber leidet mindestens einmal während der Reise unter Durchfall. Varianten des normalerweise harmlosen Escherichia coli, kurz E. coli können innerhalb kürzester Zeit zum Tod führen. Vielleicht erinnern Sie sich noch an die Ehec-Todesfälle 2011? Auch sie wurden wahrscheinlich aus Ägypten eingeschleppt. In der Mongolei, im Iran, China, Indien, Thailand, dem Nahen Osten, aber auch in vielen Ländern Osteuropas und der ehemaligen Sowjetunion, also überall wo recht freizügig mit Antibiotika umgegangen wird, gibt es noch einen Bonus-Track: Mit ein bisschen Glück handelt man sich einen multiresistenten Erreger ein. Meist handelt es sich um sogenannte ESBL-bildende Erreger. Sie spalten mit einem Enzym die Betalaktamase-Ringe der Antibiotika. (Falls Sie das jetzt nicht verstehen: Macht nichts, übersetzt und im Klartext bedeutet es Dünnpfiff, Lungenentzündung, Blutvergiftung oder Blasenentzündung ohne wirksame Medikamente in der Hinterhand.) Laut der Techniker Krankenkasse zeigen Studien, »dass ein Drittel aller Deutschen, die eine Reise in Länder mit hoher Resistenzrate unternommen haben, mit einem Keim zurückkehren. Bei Reiserückkehrern aus Indien sind es sogar bis 70 Prozent«. Na dann viel Spaß. Wo genau welcher Erreger gegen welche Art der Antibiotika resistent sind, kann man übrigens auf der Website des Centers for Disease Dynamics, Economics & Policy (CDDEP) unter https://resistancemap.cddep.org/Anti bioticResistance.php nachschauen. Die gute und gleichzeitig schlechte Nachricht ist: Oft machen sich Krankheiten erst zu Hause bemerkbar. Immerhin gestaltet sich die Kommunikation mit dem Arzt in der Heimat einfacher. Andererseits tun sich deutsche Ärzte hier und da schwer, exotische Erkrankungen zu erkennen, sofern man ihnen keinen heißen Tipp gibt. Zum Beispiel die kurze Erwähnung: Ich war in Tansania. Oder Indonesien. Nur dass einem Monate später gar nicht mehr einfällt, dass die letzte Reise in Zusammenhang mit dem aktuellen Fieber stehen könnte.

## Praxistipp

- Hände waschen
- Hände waschen
- Hände waschen
- Hände waschen
- Hände waschen
- Hände waschen
- Hände waschen
- Hände waschen
- Hände waschen
- Hände waschen

Mit Seife und richtig lang. Man kann es gar nicht oft genug sagen. Alternativ ist auch ein desinfizierendes Handgel okay.

# DIE WANZE REIST MIT

Man sieht sie und hört sie nicht, sie hinterlassen keine Spuren und treiben Hoteliers in den Wahnsinn. Was nach routinierten Einbrechern klingt, sind in Wirklichkeit Winzlinge von nicht einmal fünf Millimetern Größe: die Bettwanzen.

Lange Zeit hatte ich nichts mehr von ihnen gehört. Bettwanzen, das hieß noch vor wenigen Jahren Mittelalter, Lumpen, verdreckte Matratzen. Leider ist diese Assoziationskette komplett falsch. Bettwanzen gibt es überall, unabhängig von den Sternen, die außen am Hotel prangen, und sogar dort, wo allerbeste Hygiene herrscht – selbst im Luxushotel. Es reicht nämlich ein

Gast, der sie einschleppt. Zum Beispiel, weil er die letzte Nacht in ihrer Gesellschaft verbracht hat und einige blinde Passagiere in der Tasche trägt. Das Dumme ist: Sehen kann man sie nicht, denn tagsüber verziehen sich die kleinen Teufel in die Ritzen und Ecken der Matratzen oder hinter die Steckdosen. Erst nachts wagen sie sich heraus und dann geht es dem Menschen an den Kragen. Die Bisse erkennt man gut, da Bettwanzen geradezu geometrisch arbeiten und meist eine gerade Linie an kleinen roten Bissstellen hinterlassen. Stubenrein sind sie übrigens nicht und daran lässt sich manchmal doch noch rechtzeitig erkennen, dass der Kammerjäger mal ganz dringend vorbeischauen müsste: Die mikroskopisch kleinen Exkremente haben einen leicht süßlichen Geruch und wirken ein wenig wie dunkler Staub auf der Bettwäsche.

Nebenbei fragt man sich natürlich: Wo waren sie all die Jahrzehnte und Jahrhunderte? Im Grunde weiß niemand so genau, warum sie gerade jetzt so eine Blütezeit erleben. Was sicher hilft, ist die Reisefreude des modernen Menschen, der sie ahnungslos von einem Kontinent zum anderen trägt. Bisher hat sie übrigens eine Vorliebe für die USA und Australien, hier findet man besonders oft befallene Hotels. Apropos ahnungslos: Beim leisesten Verdacht auf Bettwanzenbefall, sollte man das Gepäck zu Hause in der Badewanne auspacken und direkt heiß (mindestens 60 °C) waschen. Alternativ kann man die Wäsche auch drei Tage lang einfrieren – oder einen

Bettwanzen-Spürhund bemühen. Dazu reicht ein kurze Internetsuche nach dem Stichwort, denn die Branche boomt.

Innovativ gehen übrigens auch die bayrischen und österreichischen Berghütten mit dem Problem um: Vielerorts muss man den Schlafsack erst einmal in einer Mikrowelle durcherhitzen, um eventuelle Wanzen gleich abzutöten. Wer lieber originelle Parasiten mitbringen möchte – Bettwanzen, das kann ja jeder! –, sollte sich in Lateinamerika umsehen. Die Vinchuca-Wanze wartet nicht in der Matratze, sondern in den Palmwedeln der Hüttendächer und lässt sich nachts auf den potenziellen Wirt fallen. Im Gegensatz zu den Bettwanzen, die einfach nur ekelig sind, verursacht der Biss der Vinchunga-Wanze oft schwere Herzprobleme, die die Lebenserwartung durchschnittlich um zehn Jahre verringern. Bis zu zehn Millionen Menschen sind davon in Lateinamerika betroffen.

### Der Wanze auf der Spur

Falls es die kleinen Biester bis nach Hause geschafft haben, helfen Spürhunde weiter. Anbieter sind beispielsweise https://bettwanzen-spuerhunde-service.de und www.bugbuster.dog.

# REISENDE SIND SCHWEINE

Zugegeben, diese Überschrift ist ein wenig sensationsheischend. Aber wahr, zumindest wenn es nach der britischen Website ScanGuest geht. Dort konnten britische Hoteliers bis zur Corona-Krise zerstörerische Gäste blacklisten und selbst natürlich auch nachschauen, ob die gerade erst eingegangene Buchung ein Trojanisches Pferd ist und nach mächtig Ärger riecht. Auch für Spanien gibt mit Evaluing eine Plattform, auf der Hoteliers ihre Warnungen weitergeben können, genauso wie in Polen (www.guestsblacklist.com). Die Zahlen, die Guestscan zusammengetragen hat, sind ziemlich furchterregend: Von

2014 bis 2019 wurden in Großbritannien 336.000 Betten, 300.000 Fernseher und 672.000 elektrische Geräte beschädigt oder zerstört und Bademäntel im Wert von knapp sechs Millionen Euro gestohlen, von verwüsteten Zimmern, mit Fäkalien oder Blut verschmierten Betten, bemalten Wänden und Urinflecken auf dem Teppich nicht zu reden. Offizielle Statistiken gibt es übrigens nicht, denn oft nehmen die Hoteliers Schäden zähneknirschend hin und hängen randalierende Gäste nicht an die große Glocke. So richtig werbewirksam ist es nämlich nicht, wenn die ersten Assoziationen mit einem Hotelnamen »Drogenexzesse, Dreck und Lärm« lauten. Am ehesten schaffen es noch durchgeknallte Musiker oder Schauspieler in die Schlagzeilen, meist durch einen bezahlten Insider-Tipp der unteren Hotel-Chargen. Ansonsten heißt das Motto »Diskretion«: Die Schäden werden schlicht auf die Kreditkarte gesetzt. Und bei Prominenten darf man immerhin hoffen, dass sie sich die Reparaturen auch leisten können, nicht zuletzt, weil es relativ leicht zu beweisen ist, dass der Gast die Schäden auch wirklich verursacht hat.

Falls Sie in nächster Zeit eine Reise auf Rockstar-Niveau planen, ist zumindest Deutschland ein sicheres Pflaster: Ein Pendant zu Guestscan ist hierzulande eher schwer vorstellbar, denn natürlich müssen die Gäste bei der Anmeldung der Verwendung ihrer Daten zustimmen. In Großbritannien und Spanien tun sie dies bei der Unterschrift unter dem Anmeldeformular, das aus einer langen Liste an Paragrafen besteht, darunter eben auch das Einverständnis für die Weiterverwertung der Daten auf diesen Plattformen. Doch wer liest schon all das Kleingedruckte durch, wenn das Bett ruft oder der Spaziergang in der fremden Stadt lockt? In Deutschland müsste eine solche Einwilligung besonders hervorgehoben werden – logisch, dass das dann niemand mehr versehentlich unterschreibt. Von Prominenten einmal abgesehen, entdecken auch reisende Normalbürger im Hotel ihre sportliche Ader: Wäre doch gelacht, wenn wir nicht noch das eine oder andere nette Souvenir mitnehmen könnten! Besonders beliebt sind die weichen Bademäntel, Handtücher, Kleiderbügel (was ich persönlich besonders erbärmlich finde) und Besteck. Auch der Fernseher scheint immer wieder eine Verlockung darzustellen, zumal der moderne Flachbildschirm dem Kofferformat sehr entgegenkommt – das war früher mit den großen Röhrenkisten schwieriger! Vor allem in Frankreich greift man gerne zum TV. Geradezu Hochachtung muss man vor dem Gast haben, der in einem italienischen Hotel das Klavier klaute, beziehungsweise von mehreren Männern im Arbeitsoverall abholen ließ. Dazu braucht man schon Nerven. Was Gäste dazu bewegt, Klobrillen und Abflussrohre abzuschrauben und mitzunehmen, entzieht sich dagegen komplett meinem Verständnis. Interessanterweise wird in Fünf-Sterne-Hotels am meisten geklaut, was wahrscheinlich schlicht daran liegt, dass es hier besonders viel zu holen gibt. So sind beispielsweise die teuren Kaffeemaschinen des Luxussegments und die (echten) Kunstwerke an den Wänden beliebte Mitbringsel. Im Fünf-Sterne-Hotel lohnt sich übrigens auch der Diebstahl von Matratzen, was allerdings einer gewissen logistischen Vorbereitung bedarf, denn die lassen sich nun wirklich nicht am helllichten Tage durch die Lobby tragen (»Ja ich weiß, mein Koffer ist recht groß, und nein, Sie dürfen da nicht hineinschauen …«). Gut, wenn dann der Aufzug direkt in die Tiefgarage führt, die wiederum transportertauglich sein muss.

## Praxistipp

Wer nicht für die Schäden des Vormieters zahlen will, sollte

- größere, bereits vorhandene Schäden an der Rezeption melden und fotografieren.
- selbst verursachte Schäden sofort melden. Oft zeigen sich die Hotels extrem kulant, eine gewisse Abnutzung ist sowieso schon mit einkalkuliert.
- nach der Abreise auf die Kreditkarte schauen, ob wirklich nichts abgezogen wurde.

# WARUM MAN AUF REISEN NIEMALS DEN BOARDING PASS WEGWERFEN SOLLTE

**19**
**Datenschutz**

Der Flug ist vorbei, also weg damit in den nächsten Papierkorb. Oder man lässt ihn gleich in der Tasche vor dem Sitz stecken, oder oder oder .... Mental rangiert der Boarding-Pass bei den meisten Reisenden auf dem Rang eines touristischen Kassenzettels. Doch das wird dem kleinen Papierschnipsel nicht gerecht: Der Barcode enthält nämlich allerhand Daten, die man nicht unbedingt in die Welt hinausposaunen möchte – vor allem nicht auf dem Hinweg, wenn noch nicht alle Abschnitte der geplanten Reise abgeflogen sind und beispielsweise noch die Rückreise ansteht. Der Strichcode der Bordkarte enthält Informationen, die sich leicht entschlüsseln lassen, zum Beispiel Name und Reservierungsnummer. Dazu braucht man lediglich einen Strichcodeleser fürs Handy, wie man ihn gratis bei Google Play oder im App Store bekommt. Mit diesen Daten wiederum kann man problemlos online die Buchung aufrufen, umbuchen, stornieren und allerhand anderen Schabernack treiben. Und die Adresse sowie die genauen Reisedaten gibt es als Bonus dazu – nur für den Fall, dass man mal unverbindlich dort vorbeischauen möchte. Hin und wieder braucht man übrigens nicht einmal den Strichcodeleser, denn Name und Buchungsnummer sind als Klartext abgedruckt.

Alternativ kann man den Boarding Pass auch abfotografieren und online stellen, am besten auf einem Blog, der aller Welt zugänglich ist. Interessant sind übrigens auch andere Daten auf der Bordkarte. Sind bei einem Flug in die USA die Buchstaben SSSS vermerkt, ist man ein »Secondary Security Screening Selectee«, also für eine zweite Sicherheitsüberprüfung ausgesucht. Das ist vielversprechend, denn vom simplen Schuheausziehen bis zum peniblen Body-Check, gerne auch beim Umstieg in den USA auf dem Weg in ein weiteres Land, ist alles drin. Wie genau man zu diesem Vergnügen kommt, bleibt undurchsichtig. Besonders erfolgversprechend ist, das Ticket am Tag des Abflugs zu kaufen, bar zu bezahlen, eine religiös motivierte Menüwahl zu treffen oder einen arabischen Namen zu tragen. Auch wer bereits in der Vergangenheit in den USA abgewiesen wurde, hat gute Chancen auf die vier Buchstaben.

**Praxistipp**

Unterwegs in die USA, vielleicht sogar mit mehreren Umstiegen? Dann kann die App »MyTSA« der Transportation Security Administration helfen. Sie zeigt die Situation an den Sicherheitschecks und warnt vor Wartezeiten.

Kostenpflichtig ist der Pre-Check, ein beschleunigtes Sicherheits-Screening der Transportation Security Administration (TSA) des Department of Homeland Security (DHS). Der Vorteil: Man darf Flüssigkeiten miteinchecken, muss die Schuhe nicht ausziehen und wird schneller durchgewunken. Teilnehmen dürfen Bürger der USA und Reisende mit einer permanenten USA-Aufenthaltsgenehmigung und Teilnehmer des »Global Entry Programs«, letztere sind sogar schon automatisch angemeldet. Wer den Global Entry Check-in der Heimat besteht, muss bei der Einreise nicht in der Warteschlange stehen, vorausgesetzt, die befördernde Airline macht mit und vermerkt den Status auf dem Ticket. Infos gibt es unter www.cbp.gov/travel/trusted-traveler-programs/global-entry/international-arrangements/germany/german-citizens. Besonders interessant ist dies bei regelmäßigen USA-Reisen.

# ES IST NICHT EGAL, VON WELCHEM COMPUTER AUS MAN REISEN BUCHT

Cookie gefällig? Die Antwort lautet meistens ganz automatisch: Ja. Gemeint sind allerdings nicht die Krümelmonster-Kekse, sondern die kleinen Textdateien, die beim Besuch einer Website im Browser gespeichert werden und dem Seitenbetreiber allerhand Informationen übermitteln beziehungsweise beim nächsten Besuch abgerufen werden können. Zum Beispiel, für welche Destination, welches Hotel oder welchen Flug sich der Besucher interessiert. Mit einem schnellen Klick erklärt man sich damit einverstanden – nicht zuletzt, weil man sonst die Website gar nicht nutzen kann – und weiter geht's mit der Suche nach dem schönsten Hotel oder besten Flug. Auffällig ist: Nach einer kleinen Recherche, beispielsweise zu einem Hotel in Marrakesch, erscheinen im Browser in den folgenden Monaten und Jahren bei jeder Gelegenheit Anzeigen zu – man ahnt es fast – Hotels in Marrakesch. Rein zufällig natürlich.

Schuld daran sind just jene Cookies, schließlich haben sie ja, ganz legal, alle Vorlieben weitergegeben. Unter den Daten sind allerdings auch Details, die auf den ersten Blick unwichtig erscheinen: welche Art Computer verwendet wurde, der genaue Standort, das Betriebssystem, wie oft man bereits nach demselben Stichwort gesucht hat ... Doch warum wollen die Websitebetreiber all dies wissen? Teils ist es durchaus zum Vorteil der Besucher, wenn sie in der richtigen Sprache empfangen werden und Adressdaten bereits gespeichert sind. Andere Informationen wiederum können sich – je nach Website – auf die Preisgestaltung auswirken. Ein Macbook-Besitzer in Deutschland auf der Suche nach einer Unterkunft in New York zur besten Reisezeit? Gut möglich, dass er einen anderen Preis gezeigt bekommt als ein Surfer, der von einem alten Computer in Malawi darauf zugreift. Auch die IP-Adresse des Computers verrät im Übrigen den Heimatort des Hotelinteressenten. Wer also den wirklich günstigsten Preis finden will, muss innovativ sein. Als Erstes gilt es, alle Cookies und den Browserverlauf zu löschen, um quasi wieder »nackt« anzutreten. Auf dem Handy schaltet man dazu auch das GPS aus. Auch den echten Standort sollte man verschleiern, also die IP-Adresse verbergen und eventuell einen anderen Standort vortäuschen. Am einfachsten ist es, dazu einen VPN-Tunnel zu nutzen. Das »Virtual Private Network« verschlüsselt den übertragenen Inhalt und versteckt so nicht nur die Onlineaktionen, es suggeriert auch einen gewünschten Standort, den man variabel aus einer Liste aussuchen kann. Die dazu notwendige Software bekommt man im Internet meist als Abonnement, und sie ist einfach zu installieren. Legal ist dieses Vorgehen übrigens auch – und zwar von beiden Seiten. Weder die Buchungsplattformen noch der ausgefuchste Surfer verstoßen dabei gegen irgendwelche Gesetze, zumindest nicht in Ländern, in denen der VPN-Tunnel legal ist, so wie es in Deutschland und den westlichen Ländern der Fall ist. Per se schädlich oder bösartig sind Cookies übrigens nicht – es kommt nur darauf an, wie man sie nutzt.

## Aber

Vor lauter Geheimnistuerei sollte man nicht vergessen, die Suche auch einmal ohne Tunnel durchzuführen, nur um sicherzugehen, dass der Preis für den korrekten Standort nicht zufällig der Beste ist. Bei Hotelbuchungsportalen bekommen Stammkunden oft bessere Raten angeboten – und das funktioniert natürlich nur, wenn man sich als solcher zu erkennen gibt.

# WAS DER REISENDE LIEBT, DAS TÖTET ER

Als sich der Guide Michelin 2015 entschloss, auch in Hongkong kleine Straßenstände und Imbisse zu bewerten, schien dies ein sympathischer Schritt – schließlich wird auch jenseits der hochgezüchteten und vor allem hochpreisigen Sterneküche lecker gekocht. Eine Hand voll kleiner Restaurants, oft mit Resopaltischen und nur wenigen Sitzplätzen ausgestattet, standen mit einem Mal ganz oben auf der Wunschliste der Reisenden und konnten sich kaum mehr vor Kundschaft retten. »Ist doch prima, dann verdienen die endlich ordentlich Geld«, könnte man nun denken. Für viele kleine Imbissbesitzer allerdings führte die Erwähnung zu ernsten Problemen: Nicht alle Ein-

Mann/Frau-Betriebe konnten den plötzlichen Ansturm bewältigen, die nun mehr langen Wartezeiten verprellten die Stammgäste und manch ein Vermieter verwandelte den neuen Ruhm direkt in eine fette Mieterhöhung, die die Betreiber ohne strukturelle Änderungen gar nicht stemmen konnten. Etliche mussten daraufhin umziehen, bald kursierte der Ausdruck »Michelin Curse« unter den Inhabern, und das nicht nur in Hongkong, sondern auch Bangkok und anderen Orten. Ähnlich geht es weltweit vielen kleinen Restaurants, Clubs und Kneipen, die es über eine Erwähnung in einem angesagten Reiseführer oder eine Website ins Rampenlicht schaffen: Natürlich weiß der eine oder andere Barbesitzer die internationale Aufmerksamkeit für sich in bare Münze zu verwandeln. Das Authentische, der Geheimtippcharakter, der ja letztlich die Location so empfehlenswert macht, ist damit allerdings meist wieder dahin.

Noch offensichtlicher sind diese Entwicklungen, wenn es um ganze Regionen geht. Die thailändische Insel Ko Phangan ist rund 30 Jahre nach dem ersten Insidertipp »Full Moon Party« praktisch nicht mehr wiederzuerkennen. Die kleine monatliche Strandparty ist längst, zumindest zu Nicht-Pandemie-Zeiten, ein Mega-Alk- und Drogengelage mit rund 30.000 Besuchern geworden, dazu kommen Black Moon Partys, Half Moon Partys, Jungle Partys und andere Events, die immer wieder mal verboten werden, weil die Einheimischen, von den Dealern einmal abgesehen, schlicht die

Nase voll haben. »The Beach« auf der Insel Ko Phi Phi Le, der idyllische Strand aus dem gleichnamigen Roman und Film musste gar im Juni 2018 gesperrt werden, weil sich täglich bis zu 5.000 Reisende in der schmalen Bucht drängelten. Frühestens 2022 soll er wieder zugänglich sein, dann jedoch mit einem Zugangssystem, das nur 1.200 Besucher am Tag zulässt. Beispiele für solche Entwicklungen gibt es zuhauf, vom Geheimtipp zum Overtourism ist es manchmal nur ein kurzer Weg.

Nun ist es nicht so, dass Reiseführerautoren, Blogger und Verlage nicht um diese Problematik wüssten. Doch Reisende lechzen nach Geheimtipps. Kein Ausdruck, gerne auch in der internationalen Variante *secret places* oder *off the beaten track*, wird in der Reiseliteratur so oft verwendet – und kein anderes Etikett gibt zu Hause so viel Renommée, wenn man es seinem Reiseziel verpassen kann! Dorthin zu reisen, wohin es andere noch nicht geschafft haben, ist eine Auszeichnung, eine Möglichkeit, sich von der Menge abzuheben. Letzteres war noch bis in die 1950er definitiv einfacher: Nur Reiche konnten es sich leisten, wochenlang nicht zu arbeiten und auch noch Geld für Reisen auszugeben. Heute muss man sich schon ein bisschen mehr anstrengen und etwas erleben, das sich nicht einfach mal so wiederholen lässt und wie eine Medaille fortan die Brust des Reisenden schmückt.

Leider lieben Reisende aller Arten aber auch den Komfort. Was genau darunter zu verstehen ist, ist eine geradezu soziologische Frage: Backpacker zum Beispiel brauchen zwar morgens einen guten Kaffee und bitte auch eine günstige und authentische Speisekarte, aber eben auch die Illusion des Echten, Unverfälschten. Gewiefte Einheimische haben das längst erkannt. In der Bangkoker Khao San Road, dem chinesischen Yangshuo oder Lijiang, im kambodschanischen Siem Reap und vielen, vielen anderen Backpacker-Wallfahrtsorten bekommen sie die genau richtige Mischung vorgesetzt – und auch hier ist es mit der Authentizität nicht mehr weit her, denn auch wenn der alternative Tourismus mit ein wenig mehr lokaler Deko einhergeht, auch er ist zerstörerisch. Weil es gar so viele sind, muss bald eine neue Straße her, eine Eisenbahnlinie – und warum nicht auch gleich ein anständiges Hotel oder mehrere? Und einen anständigen Espresso gibt es schließlich sogar im Mount-Everest-Basislager, das sich längst in den höchstgelegenen Müllhaufen der Welt verwandelt hat, obwohl regelmäßig Aufräumaktionen stattfinden.

Alles ein Problem der Vergangenheit, könnte man einwenden, schließlich hat die Corona-Pandemie den internationalen Reisen erst einmal  gehörig einen Riegel vorgeschoben. Die Infrastruktur (die nun natürlich auch unterhalten werden muss, will man ihr nicht beim Verfall zuschauen) und die Gebäude sind jedoch da – und sobald internationale Reisen wieder möglich sind, ist auch die Nachfrage nach dem Espresso am Mount Everest zurück.

# REISEN SIND EIN BEZIEHUNGS-CRASH-TEST

Händchenhaltend in den Sonnenuntergang spazieren, gemeinsam auf der Terrasse über dem Meer einen Cocktail schlürfen, sich dabei verliebt in die Augen sehen und natürlich endlich mal Zeit für all die langen Gespräche, die man schon immer führen wollte: Der gemeinsame Urlaub, da sind sich die meisten Paare sicher, schmiedet zusammen, schafft Erinnerungen. Fragt sich: welche? Dumm ist, dass es oft nicht das leise Plätschern der Wellen ist, sondern das sägende Schnarchen des Partners, das die Sommernächte begleitet. Oder das leise Knacken des Nagelknipsers, wenn er/sie SCHON WIEDER die Fußnägel auf der Bettkante kürzt. Es gibt so viele Kleinigkeiten, die im Alltag untergehen, im Urlaub aber einen Platz im Rampenlicht ergattern. Auch die nervende Erkenntnis, dass die Kirchen-(/Tempel-/Museen-) Toleranzschwelle eine ganz andere ist, kommt leider erst im Urlaub, genauso wie sich die peinliche Tatsache, dass der Partner das fürchterlichste »When-do-I-become-a-sausage«-Englisch spricht, erst dort zeigt. Dummerweise ergeben sich auf Reisen immer wieder Leerlaufmomente. »Das ist doch prima«, denken Sie – aber nicht, wenn man sie nutzt, um endlich einmal ein paar Fragen zu klären, für die im Alltag nie Zeit ist. Dies gilt umso mehr, wenn eine/r eigentlich romantisch in den Sonnenuntergang schauen möchte, der/die andere aber endlich mal das Ungleichgewicht bei der Verteilung der Aufgaben im Haushalt diskutieren möchte. Auf die Urlaubszeit folgt daher die klassische Trennungssaison. Statistisch trennt sich immerhin ein Drittel aller unglücklichen Paare direkt nach den Sommerferien, ein Drittel in den Tagen nach Weihnachten und Silvester – Stichwort Winterurlaub! – und das letzte Drittel verteilt sich auf das gesamte Jahr. Vielleicht sind das all die, die sich keinen Urlaub leisten können?

Dieses Problem kennt man übrigens nicht nur in westlichen Kulturen. Japaner sprechen dann von der »Narita-Scheidung«, benannt nach dem internationalen Flughafen vor den Toren Tokyos. Gemeint sind natürlich Paare, die nach der ersten gemeinsamen Reise sofort nach der Landung in Narita den Scheidungsanwalt aufsuchen: Keinen weiteren Tag im Leben will man mehr mit diesem Rüpel/dieser Kuh verbringen!

## Praxistipp

Klingt banal, ist es aber nicht: Die erste gemeinsame längere Reise – gerne auch mit Abenteuercharakter – sollte man unbedingt VOR dem Zusammenziehen, der Hochzeit oder sonstigen ernsthaften Unternehmungen auf den Plan setzen. Im Vergleich zu den Kosten einer Scheidung ist diese Investition ein Klacks.

## Gut zu wissen

Wenn nach der Urlaubszeit die Scheidung ansteht, lässt sich auch das mit einer Reise verbinden: Das niederländische Unternehmen »DivorceHotel« (www.divorcehotel.com) bietet 48-Stunden- beziehungsweise Wochenendpakete für Scheidungen im Luxushotel an. Anwälte, Mediatoren, Psychologen, Immobilienmakler und Buchhalter kümmern sich um alle Scheidungsbelange, gerne auch über das Wochenende – Freitag als Ehepaar einchecken, Sonntag nach dem Auschecken getrennte Wege gehen. Dies ist übrigens so erfolgreich, dass es das Angebot nicht nur in den Niederlanden gibt, sondern mittlerweile auch in den USA, Australien und Großbritannien. Auf dieser letzten gemeinsamen Reise ist Schnarchen kein Problem mehr, denn selbstverständlich gibt es für die Ex-Partner in spe Einzelzimmer. Vielleicht hätte man das gleich so machen sollen?

# REISEN MACHT VERRÜCKT

Eiffelturm, Champs- Élysées, Baguette, Hundescheiße und das fürchterlichste Parkhaus Europas – meine Assoziationskette für Paris ist nicht immer so glamourös, wie man sich das als Reisender wünscht. Damit bin ich übrigens nicht allein auf der Welt. Für manche Reisende ist die Enttäuschung – wohl auch im Vergleich zu überhöhten Erwartungen und in Kombination mit einem saftigen Reisepreis – so groß, dass sie sogar daran erkranken. Paris-Syndrom nennt man es, wenn man endlich – ENDLICH! – den ganz großen Traum wahrmacht und die französische Hauptstadt besucht, nur um fassungslos festzustellen, dass sämtliche Vorstellungen ein gutes Stück an der Realität vorbeigehen: nicht Romantik, sondern Touristennepp, den man auch noch mit gefühlt Millionen anderen teilen muss. Die Symptome: Angstzustände, Halluzinationen, Depressionen. Vor allem japanische Reisende trifft es: Sie leben weit genug weg, um von einem realistischen Frankreichbild verschont zu bleiben, hegen eine sehr romantische Vorstellung von der »Stadt der Liebe« und geben auch noch ordentlich Geld aus, um dahin zu kommen. Was nicht heißt, Paris sei so fürchterlich, dass man daran erkrankt – es ist einfach nur alles anders als gedacht.

Darüber lachen sollte man als Europäer nicht, denn uns trifft es, wenn wir nach Jerusalem fahren. Dort ist es die geballte religiöse Wucht der bedeutsamen Stätten, die den christlichen oder jüdischen Reisenden aus den Socken fegt: das Grab Jesu in der Grabeskirche, der Tempelberg, die Klagemauer und der Felsendom ... Wahrscheinlich weiß der gläubige Reisende gar nicht mehr wohin mit den Emotionen – und verliert schier den Verstand. Meist schlüpfen die vom Jerusalem-Syndrom Betroffenen in die Rolle einer religiösen und/oder historischen Figur, wandeln als König David, Paulus oder Moses durch die Stadt, bilden sich ein, Johannes der Täufer zu sein oder – eher bei Frauen beliebt – fühlen sich als Jungfrau Maria. Andere werden gleich zu Jesus. Besonders an religiösen Feiertagen steigt die Zahl der selbst ernannten Erlöser, die gerne mal mit dem Bettlaken behängt durch die Stadt wandeln und predigen. Zugegeben, das klingt wirklich irre – was es ja auch ist –, tritt aber so weit verbreitet auf, dass sich diverse israelische Psychiater mit diesem Phänomen wissenschaftlich beschäftigen. Möglichkeiten zu Studien haben sie genug: Auch wenn niemand so genau sagen kann, wie oft das Jerusalem-Syndrom zuschlägt, erwischt es jedes Jahr rund 50 Reisende so schwer, dass sie eingewiesen werden müssen. Meist kommen sie ins Kfar Shaul Psychiatric Hospital, wo man seit Jahrzehnten auf die Behandlung dieser psychotischen Störung eingestellt ist und schon viele Touristen kommen und gehen gesehen hat.

Natürlich könnte man hinter dem Jerusalem-Syndrom auch ganz schlicht einen fetten Kulturschock vermuten, dafür tritt es jedoch zu früh auf. Meist zeigt es sich schon gleich am Anfang des Aufenthalts in der heiligen Stadt. Tröstlich ist in jedem Fall: In fast allen Fällen geht es nach einigen Tagen wieder vorbei und zurück bleibt nur eine peinliche Erinnerung und die Hoffnung, dass niemand ein Handyvideo gemacht hat.

Neben diesen bekannten psychischen Reiseproblemen, gibt es noch allerhand weitere Möglichkeiten, am Reisen zu erkranken. Für alle, die weder frankophil noch religiös sind, bietet sich zum Beispiel das Stendhal-Syndrom an: Es erwischt Reisende in Florenz, wo sie ob der überwältigenden Kunst in die Knie gehen und mit Schwindel, Herzrasen, Ohnmachtsanfällen und Atemnot reagieren. Benannt ist es nach dem Dichter

Stendhal, dem es wohl ebenso erging. Das Venedig-Syndrom wiederum ist schuld daran, dass sich überdurchschnittlich viele Reisende dort umbringen.

Generell sind psychische Erkrankungen auf Reisen gar nicht so selten: Einer fremden Kultur zu begegnen, ist anstrengend, die geographische und emotionale Entfernung von der Heimat lässt manch einen sein Leben infrage stellen, dazu kommen oft noch Jetlag und oft auch noch eine gewisse Sprachlosigkeit aufgrund mangelnder Fremdsprachenkenntnisse. Bereits existierende Vorerkrankungen brechen unter diesen Umständen leichter wieder aus, zumal sich Menschen in oder nach einer Lebenskrise besonders oft zu einer großen Reise entschließen und damit schon psychisch angeschlagen losziehen.

## Gut zu wissen

Verfolgungswahn, Angstzustände, Depressionen und Stimmungsschwankungen: Wer auf Reisen an diesen Symptomen leidet, ist unter Umständen weder krank noch meschugge, sondern der Malaria-Prophylaxe erlegen. Einige der Medikamente, die man vorbeugend einnehmen kann, vor allem Mefloquin, haben hier und da auch psychotische Auswirkungen.

# AUF REISEN ENT-
# KOMMT MAN DEM
# KULTURSCHOCK NICHT

**24**
**Alles scheiße!**

Sind wir nicht alle offen und tolerant? Neugierig auf andere Kulturen und wissbegierig? Bereit, uns selbst infrage zu stellen und unseren Horizont zu erweitern? Die beste Methode, diese steile These zu überprüfen, sind Reisen. Je länger, desto besser, auf möglichst authentischem Niveau. Nach der ersten Euphorie – alles so schön hier, die Menschen so nett, die Sonnenaufgänge so wunderbar! – folgt eine gewisse Müdigkeit und Gereiztheit: Müssen die hier immer so laut sein? Gibt es denn keinen einzigen Markthändler, der einen nicht schamlos bescheißt? Kein Wunder, dass ... (hier bitte etwas Negatives einfügen). Ab dann dauert es nicht mehr lang bis zur Explosion: Schon wieder das Doppelte bezahlt? Dem Taxifahrer zeig ich es jetzt!

Sie ahnen es sicher: Wenn die Einheimischen alle bescheuert sind, die Kultur des Reiseziels nur noch primitiv erscheint und das Essen erbärmlich schmeckt – dann hat der Kulturschock zugeschlagen.

Hinter dem Begriff steckt so etwas wie ein völliger Overload, ein fieser Cocktail aus Verwirrung, weil vermeintlich selbstverständliche Verhaltensweisen nicht mehr gelten, permanenter Reizüberflutung und der Frustration ob des Unverständnisses und der Unmöglichkeit, die Probleme zu diskutieren – zum Beispiel, weil es sich nicht schickt, darüber zu sprechen, oder das Schulenglisch einfach nicht ausreicht. Dabei sind es weniger die offensichtlichen Unterschiede oder Verhaltensregeln, die einen in den Wahnsinn treiben: Bei Tisch nur die rechte Hand benutzen? Das ist eine klare Aussage, an die man sich halten kann. Auch Regeln, wie im Tempel die Schuhe auszuziehen oder mit dem Bikini in die Sauna gehen, sind zwar für den Mitteleuropäer gewöhnungsbedürftig, aber durchaus zu bewältigen. Es sind vielmehr die verborgenen Untiefen, die das Zeug zum Kulturschock haben. Daher ist auch nicht unbedingt die kulturelle Entfernung ausschlaggebend. Gerade dort, wo alles wie zu Hause scheint, da lauert das Problem. Wenn ein Lächeln nicht mehr nur für Freundlichkeit, sondern auch für Peinlichkeit stehen kann, ein

»Ja« nicht mehr »Ich bin einverstanden«, sondern nur noch »Hab ich gehört« bedeutet.

Wirklich vorbereiten kann man sich auf den Kulturschock nicht: Auch bei der fünften oder zwölften Reise kann er zuschlagen, sogar wenn man um die kulturellen Unterschiede weiß – das heißt ja schließlich noch lange nicht, dass man damit auch rund um die Uhr klarkommt. Besonders verlässliche Kulturschockkandidaten sind allerdings jene, die sich für so welterfahren und tolerant halten, dass sie ihm NATÜRLICH nicht anheimfallen: Sie fahren nur zufällig immer in Länder, die sich nach einiger Zeit als völlig minderentwickelt herausstellen und dringend Nachhilfe in Sachen Technik, Umgang und Kultur bräuchten.

Tröstlich ist immerhin: Ein Kulturschock muss gären wie ein guter Wein. Ist man nur zwei oder drei Wochen auf Urlaubsniveau unterwegs, verlässt man die erste Phase der Euphorie meist gar nicht erst und darf mit rosaroten Erinnerungen heimfahren.

## Praxistipp

Ist der Kulturschock erst da, gibt es nur eines: sich zurückziehen, durchatmen und der Reizüberflutung den Riegel vorschieben. Zum Beispiel bei einigen gemütlichen Stunden im Hotel. Langfristig hilft jedoch nur: ankommen. Nicht nur körperlich, sondern auch mental. Wer dreimal am Tag die E-Mails aus der Heimat abruft und jeden Abend nach

Hause telefoniert, bleibt zwischen den Welten hängen. Nur wer sich der fremden Kultur stellt, kann den Kulturschock letztlich überwinden. Wissen und Informationen helfen dabei, das Erlebte einzusortieren. Nicht zuletzt sind persönliche Kontakte der Ausweg aus der Schockfalle. Mit ein wenig Glück kommt der Reisende nach der ersten Party zum positiven Schluss: »Irgendwie sind die Leute doch ganz nett hier.«

# INSTAGRAM ZEIGT NICHT DIE REISEREALITÄT

nstagram, Snapchat, Facebook, Twitter und Whats-App: Gleich auf allen Kanälen gleichzeitig kann man heute die Welt wissen lassen, dass man gerade an den schönsten Orten des Planeten unterwegs ist. Natürlich liegt Schönheit immer im Auge des Betrachters – oder doch eher im Aufnahmewinkel der Kamera? Fast mag man es nicht glauben: Die richtige Instagram-Kulisse ist bei den unter 33-Jährigen längst zu einem der Hauptkriterien bei der Wahl des Urlaubsziels geworden, so fand zumindest die Umfrage des britischen Versicherungsunternehmens Schofields Insurance 2017 heraus. Spektakuläre 40 Prozent der tausend Befragten setzten die »Instagramability« des Reiseziels an erste Stelle. Und weil man – trotz Brexit – davon ausgehen darf, dass die Briten auch nicht dümmer sind als alle anderen Europäer, wirft das schon ein interessantes Bild auf das Reiseverhalten der nächsten Generationen: Oft geht es gar nicht mehr darum, irgendwo gewesen zu sein, sondern der Welt zu zeigen: Ich war da!

Einfach ist das Leben der rund 800 Millionen Instagramer weltweit übrigens nicht: Auf der einen Seite heißt es, den Hypes hinterherzufahren, auf der anderen Seite muss man hier und da natürlich auch mal was richtig Neues bieten. Sogar ein Bad in der giftigen Brühe eines optisch verführerischen Industriesees wie zum Beispiel einer Halde nahe Novosibirsk geht dann okay (siehe #novosibirskmaldives). Den Hautausschlag danach muss man ja nicht unbedingt ablichten. Die Anwohner und Besitzer der abgebildeten Orte freuen sich nicht immer – zum Beispiel, wenn tausende digitale Deppen die Lavendelfelder der Provence platttrampeln, nur um ein Foto zu schießen, das es schon in millionenfachen Varianten gibt. Vom Hype auf Instagram bis zum Overtourism – dazu später mehr in diesem Buch – ist es dann auch nicht mehr weit. Andere Orte jedoch muntern Besucher regelrecht auf, möglichst viele Bilder ins Netz zu stellen. Das zugegeben sehr fotogene MORI Digital Art Museum Tokyo zum Beispiel. Nicht nur, weil sich die Installationen sowieso dauernd ändern, sondern weil es einfach keine bessere Werbung gibt. Auch

Hongkong gibt Ratschläge, wo man die schönsten Selfies für die sozialen Medien schießt, genauso wie viele japanische Städte. Mit ein wenig Glück werden daraus milliardenfache Sehnsuchtsbilder, ja regelrechte Wallfahrtsorte der Social-Media-Generation. Auf all jene, die sich dadurch zur Reise inspirieren lassen, wartet mitunter eine fette Überraschung. Zum einen krankt die Realität daran, dass man nicht umhinkommt, alle fünf Sinne zu benutzen. Das fiese Müffeln der malerischen Kanäle im sommerlichen Venedig, der pestilente Gestank des tropischen Fischmarkts am Mittag – und die Aussicht, die Stinker am Abend vielleicht auch noch auf dem eigenen Teller zu finden –, die holprigen Straßen durch hässliche Dörfer auf dem Weg zum Foto-Spot ... all das merkt man eben erst vor Ort. Auch die Authentizität lässt mitunter zu wünschen übrig. »Eingeborene«, die ihre traditionellen Kostüme nur noch für die Touristen anziehen, sind vielerorts eher die Normalität als Ausnahme.

Das größte Manko des Nachreisens ist jedoch, dass man leider mehr sieht als den genialen Fotoausschnitt: Die Wohnblöcke neben der malerischen Altstadt, die Strände neben dem Palmenparadies, das nur so aussieht, weil dort – im Gegenteil zu den anderen Stränden – die Angestellten im Morgengrauen den Abfall einsammeln. Und der übrigens nicht nur dort liegt, weil täglich Plastik aus dem Meer angeschwemmt wird, sondern auch, weil die Einheimischen eine eher laxe Haltung zu Müll an den Tag legen.

Kein Wunder, dass immer wieder Instagramer von irgendwelchen Klippen oder Steilwänden stürzen, im verzweifelten Versuch, den allerbesten Blickwinkel zu finden, oder ähnlich dumme Dinge tun. Eine gute Begründung gibt aber auch oben zitierte Studie: Als zweitwichtigstes Kriterium gaben die Befragten Jungreisenden »Cost/Availability of alcohol« an, also die Möglichkeit, möglichst günstig an alkoholische Getränke zu kommen. Da kann man schon mal ausrutschen.

## Aber

Andererseits, einen Vorteil hat die Instagram-Manie schon: Dröge Dia-Abende über langweilige Reisen, die man aber nicht schwänzen darf, weil sie von guten Freunden veranstaltet werden, sind ein Ding der Vergangenheit. Heute reicht es, einfach ein paar Likes zu vergeben, und gut ist.

# AUF REISEN WIRD MAN ZUR MILCHKUH

Es führt kein Weg daran vorbei: Wir alle tragen eine unsichtbare Schrift auf der Stirn: Bescheiß mich! Verkauf mir alles! Verdopple, nein, verdreifache die Preise! Je weiter wir uns von zu Hause entfernen, desto sichtbarer wird sie. Außer für uns selbst.

Die Gründe dafür sind nicht nur die Armut im Reiseland oder die lokalen Einkommensunterschiede, sondern vor allem die Erfahrungen mit dem Tourismus. Wer dreimal erlebt hat, dass Reisende unter Psychodruck so ziemlich alles kaufen, was man ihnen unter die Nase hält, und wie sehr sie sich nach »echten« einheimischen Kontakten sehnen, der hat eine wichtige

Lektion gelernt: Es gibt keinen Grund, eine normale und meist schlecht bezahlte Arbeit anzunehmen.

In Sri Lanka haben es die selbst ernannten Guides (»Beach Boys«) der Badeorte zur Perfektion gebracht: In perfektem Deutsch/Englisch/Französisch oder sogar Finnisch – Hut ab vor der Leistung! – sprechen sie die Touristen in Bentota, Hikkaduwa oder sonst wo auf der Straße an. Woher kommst du? Gefällt dir Sri Lanka? Und vor allem: Wie wär's mit einer kleinen Tour durch die Stadt?

Ahmed hat sich auf Deutsch spezialisiert. Er lernt seit drei Jahren fleißig und spricht, man glaubt es kaum, nahezu perfekt. »Von den Touristen abgeschaut«, erklärt er und erzählt von Freunden in Bottrop und Hamburg, die ihn immer wieder besuchen. »Sehr nett, die Deutschen«. Natürlich geht es ihm bei dieser Unterhaltung ausschließlich darum, die Sprachkenntnisse zu verbessern. Ein Schwein wäre man, diesen Gefallen zu verweigern, zumal man sich als reicher Westler sowieso mit einem permanenten schlechten Gewissen ob der allgegenwärtigen Armut herumschlägt. Zufällig hat Ahmed heute gerade frei, und schon geht es in seiner Begleitung ab in den Alltag des fremden Landes. Ganz ehrlich, Ahmed macht seine Sache gut. Er kennt alle Ecken des Ortes, erzählt historische Hintergründe, mischt immer wieder mal eine persönliche Geschichte bei. Spätestens, wenn der neue Freund zum Kaffee nach Hause einlädt, schlägt das Herz des Reisenden höher – einen ECHTEN einheimischen

Freund finden, wie verlockend! Das gefällt auch uns nicht schlecht. Dummerweise fällt dem neuen Freund fürs Leben am Ende eines schönen Nachmittags dann doch noch ein, dass sich der Onkel mit der Edelsteinschleiferei/der teppichknüpfende Bruder/die Tante mit dem Souvenirladen ganz arg über einen Besuch freuen würde. Und schon steigt der Druck. Nach all dem Einsatz! Der Besuch zu Hause, die neue Freundschaft! Außerdem gehört Ahmed als Moslem in seinem eigenen Land zu einer unterdrückten Minderheit, wie er wiederholt einfließen lässt. Wer wollte da schon pienzig sein … Leider kommt es, wie es kommen muss, die Shopping-Verweigerung lässt die Stimmung umschlagen. Undankbar sind wir, unfreundlich, einer Freundschaft nicht würdig. Und auch die angebotene Entlohnung für die kleine Stadtführung greift er ohne Lächeln ab. Klar, ein paar fast echte Saphire oder Rubine hätten da mehr in die Kasse gespült. Ahmed ist natürlich nur eines von vielen Beispielen, die sich wahrlich nicht auf Sri Lanka beschränken. Egal ob in Mexiko oder Kambodscha, Tansania, Kenia oder Thailand, der durchaus korrekte Ruf vom Reichtum der Westler eilt ihnen voraus.

Eine andere Spezies, die sich ganz wunderbar auf Fremde eingeschossen hat, sind Taxifahrer. Zugegeben, es ist ein bisschen gemein, sie alle über einen Kamm zu scheren. Sagen wir mal so: Jenseits von Nord- und Westeuropa, Japan, Korea, Taiwan und – Überraschung! – mittlerweile manchmal auch China steigen die Chancen, mit der Taxifahrt gleichzeitig auch die erste Stadtrundfahrt zu absolvieren oder schnell mal alle Hotelpläne über den Haufen zu werfen. Denn leider, leider hat das anvisierte Hotel geschlossen. Aber die Tante/ein Freund/die Mutter hat zufällig eine kleine Pension und da wäre noch ein Zimmer zu haben ... Besonders abgebrühte Taxifahrer sind übrigens weltweit am Bahnhof stationiert. Vielleicht, weil man hier unter der Last des Gepäcks noch am ehesten einknickt?

Indienreisende müssen in dieser Hinsicht besonders tapfer sein, denn das Taxi ist nur der Anfang einer gefühlt endlosen Reihe von Bescheißereien: Tuk-Tuk-Fahrer, die sich hysterisch vor schamlosen Preisangeboten überschlagen, Händler, die einen schier mit der Hand in den Laden ziehen wollen, Tickethändler, die einfach nicht glauben können, dass man WIRKLICH gerade kein überteuertes Zugticket nach Bangalore braucht.

Reiseerfahrung schützt übrigens nicht immer vor diesen Nepp-Attacken, denn sie laufen natürlich über das schlechte Gewissen des westlichen Besuchers, der pro Tag den Monatsverdienst eines Einheimischen auf den Kopf haut – und es weiß.

> ### Praxistipp
>
> Taxi fahren für Anfänger:
> - Auf den Einsatz des Taxameters bestehen, selbst wenn der Fahrer beteuert, es habe noch

niemals, never ever, in seinem Leben irgendjemand dieses Gerät benutzt, das im Übrigen kaputt sei.

- Weil diese Maßnahme oft von wenig Erfolg gekrönt ist, die Taxipreise unbedingt vor der Fahrt genauestens festlegen – und zwar für alle Mitfahrenden, denn der Preis stellt sich bei Ankunft am Ziel gerne mal als vermeintlicher Preis pro Person raus.

- Die Alternativen wie Bus und Bahn kennen. Allzu dreiste Taxifahrer kann man dann einfach stehen lassen.

- Sich ein wenig vom Bahnhof entfernen und an einem Hotel in der Nähe ein Taxi rufen. Einen Versuch ist es wert.

# DER HOTELSAFE IST EIN WITZ

Pass, Geld, Flugticket, Bankkarte und vielleicht auch noch ein Laptop: Je länger die Reise, desto substanzieller sind die Werte, die man mit sich herumtragen muss. Gut, wenn man dann im Hotelzimmer einen Safe vorfindet und fortan unbelastet durch die Gegend schlendern kann. Doch kann man dem Safe auch trauen?

Bei einer Reise in die chinesische Pampa ergab es sich eines Tages, dass ich die Nummer des Hotel-Safes vergaß. Was nun? Das in Panik herbeigerufene Zimmermädchen winkte nur ab: Kein Problem. Dann zog sie die Steckdose des elektronischen Safes aus der Wand, und siehe da, er öffnete sich, ganz ohne PIN. Zugegeben, diese Geschichte stammt aus dem 1990ern. Und wahrscheinlich – so hoffte ich damals ganz innig – war dieser Zimmersafe eine echte Ausnahme. In jedem Fall sollte man meinen, technisch sei die Welt 30 Jahre später etwas weiter ...

Alle, die das sichere Gefühl eines verlässlichen und vor allem sicheren Zimmersafes brauchen, müssen nun ganz tapfer sein, denn die kleine Kiste, meist im Kleiderschrank versteckt, hat viele Parallelen mit der Homöopathie: Hauptsache, man glaubt daran. Bevor Sie so ziemlich alles, das auf Reisen im Falle eines Diebstahls für viel Freude sorgt, dem Safe anvertrauen, sollten Sie folgende Tests durchführen:

- Einfach mal kurz richtig fest mit der Faust draufhauen. In gar nicht so seltenen Fällen öffnet sich dann die Tür wie von Zauberhand.
- Mit einem harten Gegenstand, zum Beispiel dem Boden einer Getränkedose, auf den Drehknopf des Öffnungsmechanismus schlagen.
- Mit einer Kartoffel auf den oberen Rand des Plastikfeldes schlagen, das die Zahlentasten und den Schließknopf umfasst (das ist mein absoluter Liebling!).
- Den Safe schließen und die Nummer 999999 eingeben. Auch dies ist oft eine sichere Methode, um den Safe zu öffnen. Alternativ lohnen sich auch 1234 oder 123456 oder andere einfache Kombinationen wie 111111 etc.

Der Grund dafür ist simpel: In der Regel wird jeder Safe mit einem Werkscode ausgeliefert, den das Hotel natürlich löschen beziehungsweise ändern soll. Freilich tun es nicht alle, weniger aus böser Absicht als aus einem gewissen Schludrian heraus.

Ist der Zimmersafe leergeräumt, muss es übrigens nicht zwingend das Zimmermädchen gewesen sein.

Ein ganz klassischer Trick ist es, in der Hotellobby herumzuhängen und Zimmernummer und Namen der Gäste beim Check-in aufzuschnappen. Kaum sind die Gäste außer Haus, lässt man sich einen neuen Schlüssel an der Rezeption ausstellen. Je größer das Hotel, desto vielversprechender ist diese Methode, denn in einem 500-Zimmer-Bau erinnert man sich nicht so schnell an einzelne Gäste.

Neuer, aber umso beunruhigender sind die Bedrohungen durch Hacker: Viele der Hotelschließsysteme basieren auf Funkerkennung (Radio-Frequency Identification, RFID). Die Chips der Karten kommunizieren dabei mit dem Türschloss. Mit einem Proxmark, einem kleinen Gerät, das RFID-Sender blitzschnell klonen kann, lassen sich Karten – je nach Schließsystem – nicht nur kopieren, sondern sogar Generalschlüssel herstellen. Wie genau das funktioniert, verraten allerhand Plattformen im Internet, auf denen sich Proxmark-Besitzer austauschen (ein Beispiel ist http://proxmark.org/forum/index.php). Laut dem finnischen Hacker und Sicherheitsexperten Timo Hirvonen reicht es, mit einem

Gast, der die Schlüsselkarte seines Zimmers in der Hosentasche trägt, zusammen Aufzug zu fahren, um sie zu kopieren. Zugegeben, solide Hintergrundkenntnisse braucht man dafür schon, aber es sind beunruhigend viele Menschen, die sich dafür interessieren. Das Gerät gibt es übrigens ganz legal im Internet zu kaufen.

Beweisen lässt sich so ein digitaler Einbruch natürlich nur schwer, der Bestohlene hat dadurch auch nur geringe Chancen, den Verlust von der Hausratversicherung ersetzt zu bekommen – die meist auch auf Reisen gilt, das sollte man im Hinterkopf behalten, für den Fall der Fälle!

# REISEN MACHT DIE FREUNDSCHAFT KAPUTT

Der flammende Sonnenuntergang, die atemberaubende Aussicht, das mega-leckere Essen, der erste tropische Tauchgang: Das ist alles nur halb so schön, wenn man es allein erlebt. Kein Wunder, dass die meisten Menschen entweder mit dem Partner unterwegs sind oder mit Freunden. Letzteres gerne in jungen Jahren – oder später, wenn die erste Scheidungswelle die Reihen gelichtet hat (zum Beispiel nach einigen Reisen mit dem Ehepartner, wie im Kapitel zu diesem Thema bereits erwähnt). In jedem Fall sind Reisen der Stoff, aus dem Erinnerungen werden – und die Basis für kryptische Unterhaltungen, die sich nur den Dabeigewesenen erschließen: »Weißt du noch, die Dschungelhütte in Thailand?«, »Oh Mann, ja, das war ein Abenteuer!«. Ein wissendes Grinsen, ein verschwörerischer Blick ... Wer mit Freunden fährt, hat immer einen an der Hand, der sich freiwillig zurückerinnert und fleißig an der Legendenbildung mitarbeitet. Natürlich gibt es noch viele weitere Vorteile: Doppelzimmer sind günstiger, Reisen in Begleitung ist sicherer und der einsame Abend im Hotel entfällt auch, die Bespaßung ist ja schon dabei. Und der Bonus-Track: Wenn der Kulturschock zuschlägt, kann man wenigstens gemeinsam lästern. Viele gemeinsame Interessen hat man ja sowieso, sonst wäre man ja nicht befreundet. Letzteres ist übrigens eine gigantische Fehleinschätzung. Man kann nämlich wunderbar mit Menschen befreundet sein, die ganz anders sind als man selbst. Man trifft sich hin und wieder, unterhält sich selektiv über die Bereiche des Lebens, in denen man annähernd der gleichen Meinung ist, und alles andere ist ja eigentlich egal. Es sei denn, man ist für die nächsten Wochen aneinandergekettet, weil man sich mitten im Dschungel von Costa Rica schlecht mal für ein paar Tage trennen kann. Oder will. Spätestens dann tritt vieles zutage, was besser unter dem Deckmantel einer gewissen persönlichen Distanz geblieben wäre. Zum Beispiel, dass der Freund oder die Freundin schon morgens um sieben regen Gesprächsbedarf hat, wenn man selbst noch sehnsuchtsvoll an einen stillen Kaffee denkt. Oder sich als überraschend geizig herausstellt und alle, wirklich alle Ausgaben auf den Cent genau durch zwei teilt. Fährt man zu mehreren in die Welt, kommen die sozialen Gruppenprozesse dazu: Eifersüchteleien, Konkurrenzkämpfe und Spaltungen, gerne auch in der beliebten Alle-gegen-einen-Konstellation.

Das eine oder andere Problem lässt sich mit gutem Willen ausdiskutieren – es sei denn, man legt noch ein paar Herausforderungen nach. Eine enge Unterkunft zum Beispiel: Im Caravan oder gar im Zelt lässt sich noch mal so gut streiten, weil man sich ja schlecht aus dem Weg gehen kann – vor allem bei Dauerregen. Zudem ist Camping keine Reiseform, sondern eine Weltanschauung, die fast schon eine religiöse Einstellung erfordert. Ist einfach nur dämlich, auf einer harten Matte in einem kalten (oder heißen) Zelt zu schlafen, jeden Morgen zuzuschauen, wie die Ameisen das Frühstück wegtragen, und sich in ekligen, fußpilzigen Duschen zu waschen? Oder ist es die ultimative Freiheit, das Leben ganz nah an der Natur? Vielversprechend ist übrigens auch die Kombination von Wanderurlaub und Camping: Wer zwei Wochen den viel durchtrainierteren Freunden hinterhechelt, kehrt nicht nur mit einem reduzierten Selbstvertrauen zurück, sondern auch einem stillen Hass. Wer hätte gedacht, dass inkompatible Laufgeschwindigkeiten solch eine Sprengkraft haben?

Ganz andere Schwachstellen hat wiederum das Modell »gemeinsamer Familienurlaub«. Der findet in der Regel mit Kindern statt – und die haben das allerbeste

Nervpotenzial. Natürlich nicht die eigenen – da hat Mutter Natur den Eltern schon die richtigen Hormone mitgegeben. Es ist der direkte Einblick in den Erziehungsstil befreundeter Familien, der so schwer zu ertragen ist. Wenn die einst so sympathischen Eltern seelenruhig zusehen, wie ihr Kleinkind im Restaurant mit dem Besteck auf den Teller haut, während man selbst nach fünf Minuten am liebsten auch einmal draufhauen möchte, allerdings nicht auf den Teller. Kritik am Kind oder an der Erziehung ist jedoch der beste Weg einen interfamiliären Weltkrieg anzuzetteln – versprochen.

## Praxistipp

Vor der ganz großen Tour ist es nicht falsch, einfach mal ein Wochenende zusammen zu verbringen und die Reisekompatibilität zu testen. Unterwegs auf großer Reise tut man gut daran, immer wieder ein paar Tage Stopp einzulegen, sodass sich für alle Mitreisenden die Möglichkeit ergibt, auch mal einen Nachmittag allein loszuziehen. Am wichtigsten jedoch ist dieser Tipp: Bewährte Reisekombinationen durch den Partner zu ergänzen, ist eine Risikosportart, die oft damit endet, dass man sich für den einen oder anderen entscheiden muss.

Warum Sie trotzdem

# IMMER REISEN

sollten

**1** weil man **fremde Kulturen** nur hautnah wirklich kennenlernt,

**2** weil man **sich selbst besser kennenlernt**,

**3** weil es unterwegs die **leckersten Entdeckungen** gibt,

**4** weil man beim Reisen spürt, **wie groß die Welt ist**,

**5** weil Reisen zu **neuen Ideen** inspiriert,

**6** weil man auf Reisen die **schönsten Ecken der Welt** erlebt,

**7** weil man auf Reisen **Menschen trifft**, denen man sonst nie begegnet wäre,

**8** weil die **Vorfreude** auf Reisen schon lange vorher gute Laune macht,

**9** weil man nach der Reise weiß, ob der Partner/die Partnerin **der/die richtige** ist,

**10** weil fremde Länder so aufregend **anders riechen**,

**11** weil es Spaß macht, das **Hotelbuffet** zu plündern,

**12** weil man auf Reisen **Grenzen überwindet** – in jeder Hinsicht,

**13** weil keine Doku so spannend und aufregend ist wie die **echten Eindrücke**,

**14** weil man auf Reisen **Vorurteile überwindet**,

**15** weil man von außen und mit Distanz viel besser **auf sein Leben zu Hause blicken** kann,

**16** weil man auf Reisen den **Alltag vergisst**,

**17** weil unterwegs die **Probleme** zu Hause **viel kleiner** wirken,

**18** weil es schön ist, sich am Ende einer Reise **auf zu Hause zu freuen**,

**19** weil man **neue Welten** erlebt,

**20** weil Reisen **überraschen**,

**21** weil man auf Reisen merkt, was **wirklich wichtig** ist,

**22** weil man auf Reisen merkt, **wie gut es einem geht**,

**23** weil man auf Reisen merkt, **wen man wirklich vermisst**,

**24** weil man auch mal **jemand anderes** sein darf,

**25** weil man in fremden Ländern einen **anderen Umgang mit vertrauten Dingen** erlebt,

**26** weil man ahnt, **wie das Leben aussehen könnte**, wäre man woanders geboren worden,

**27** weil es den **Abenteuergeist** weckt,

**28** weil man sich in der Fremde gut **auf Neues einlassen** kann – und muss,

**29** weil man seine **Fremdsprachen ausprobieren** kann,

**30** weil man sich ohne schlechtes Gewissen jeden Tag **eine Massage gönnen** kann,

**31** weil man mit Reisen zu Hause **herrlich angeben** kann,

**32** weil man sich selbst **im Spiegel fremder Kulturen** anders sieht,

**33** weil man unterwegs **hemmungslos shoppen** darf, schließlich kommt man vielleicht nie wieder,

**34** weil man die **Daheimgebliebenen mit tollen Dingen beglücken** kann, die man zu Hause nicht kaufen kann – auch nicht im Internet,

**35** weil Reisen **die tollsten Erinnerungen** machen, auf die man die nächsten 50 Jahre zurückblicken kann,

**36** weil Reisen **jung hält**,

**37** weil man unterwegs die schönsten **Fotos** macht,

**38** weil man in der Ferne **schräge Lösungen für bekannte Probleme** kennenlernt,

**39** weil man merkt, **was man braucht** – und was nicht,

**40** weil man **Tiere beobachten** kann, die es nur in wenigen Ländern gibt,

**41** weil es sich unterwegs herrlich **flirten** lässt,

**42** weil man auf Reisen die **Routine aufbrechen** muss,

**43** weil man unterwegs auf **Unerwartetes** trifft,

**44** weil man Vorurteile abbauen oder **in Urteile verwandeln** kann,

**45** weil man wirklich **man selbst sein** kann,

**46** weil es zu Hause keinen **Nachtmarkt** gibt,

**47** weil es nichts Besseres für die viel beschworene **Völkerfreundschaft** gibt,

**48** weil das **Paradies** immer anderswo liegt,

**49** weil man zu Hause keinen **Tropenstrand** hat,

**50** weil es wunderbar ist, nach einer langen Fahrt **»DA IST DAS MEER!«** zu rufen,

**51** weil man seinen Kindern **die Welt zeigen** will,

**52** weil man **die Welt kennen** muss, um auf ihr zu Hause zu sein,

**53** weil man auf Reisen lernt, **dass Menschen überall Menschen sind**,

**54** weil man sich auf Reisen **verändert**,

**55** weil Reisen rundum **Spaß macht**.

# BOTSCHAFTEN HELFEN AUF REISEN AUCH NICHT IMMER

Vor vielen, vielen Jahren – es war sogar ein anderes Jahrtausend – tat ich das, was man auf Reisen nie tun sollte: Ich gab am letzten Tag all mein Geld aus. Lediglich den Preis des Tickets für die Fahrt zum Bangkoker Flughafen hatte ich mir in kleinen Scheinen aufgehoben, mein Reisebegleiter ebenfalls. Am Morgen des Abreisetags fiel uns siedend heiß ein: DIE FLUG-HAFENSTEUER! Wie dumm kann man sein? Und das zu Zeiten, als Kreditkarten noch der Hautevolee vorbehalten waren und auch die EC-Karte thailändischen Bankangestellten nur ein mitleidiges Lächeln entlockte. Nach einem kurzen Moment der Panik machten wir uns auf den Weg zur deutschen Botschaft. Die werden uns helfen, da waren wir uns sicher. Schon an der Pforte der Botschaft stellte sich dies als naiver Gedanke heraus – wir kamen gar nicht erst hinein. Erst nach langen Diskussionen und flehentlichem Bitten ließ sich der thailändische Pförtner erweichen, zumindest per Haustelefon mal in der Botschaft anzurufen, wie mit uns umzugehen sei. Blitzschnell griff ich nach dem Telefon und konnte immerhin auf Deutsch weiterbetteln. Das folgende Prozedere hatte das Zeug zum lebenslangen inneren Vermerk: »Niemals wieder alles Geld ausgeben.« Nach einer kurzen Beschau der Arm- und Beinbeugen – keine Einstichstellen, die erste Hürde war genommen –, gab es 20 DM und einen Stapel von Papieren zur Unterschrift. Wenn ich mich recht erinnere, gab ich sogar das Recht an meinem Erstgeborenen ab – und nur zur Info: Nachhaken lohnt nicht, der ist jetzt schon volljährig – und unterschrieb die ewige Verdammnis, sollte ich die 20 DM nicht zurückzahlen. Diese rigorose Haltung ist nicht ohne Grund. Gerade in Bangkok spült es manch eine kaputte Seele vor die Botschaftstore. Außerdem war ich einem weit verbreiteten Irrtum aufgesessen: Botschaften helfen, aber nicht unbedingt mit Bargeld. Laut Paragraf 5 des Konsulargesetzes erhalten Deutsche die erforderliche Hilfe nur, »wenn die Notlage nicht auf andere Weise behoben werden kann.« Das bedeutet im Klartext: Botschaften und Konsulate helfen beispielsweise dabei, aus der Heimat Geld anzufordern, zum Beispiel, indem ein Familienmitglied Geld ins Ausland anweisen kann. Zur Überbrückung sind magere 25 Euro pro Tag drin und eventuell der Vorschuss der Heimreise. Etwas besser aufgestellt sind die Leistungen beim Verlust der Papiere oder bei juristischen Problemen: Die diplomatischen Vertretungen helfen bei der Suche nach einem Rechtsanwalt und helfen auch schon mal mit einer telefonischen Übersetzung auf der Polizeiwache aus. Ebenfalls hilfreich: In Problemfällen informiert die Botschaft die Familie zu Hause. Medizinische Kosten sind übrigens kein Fall für die Botschaft und auch die Kosten einer eventuellen Evakuierung fordert der deutsche Staat zurück. Dass die deutschen Botschaften in dieser Hinsicht ihre Aufgabe ernst nehmen, zeigte die große Rückholaktion anlässlich der Corona-Pandemie im März/April 2020, als mehr als 240.000 deutsche Staatsbürger aus aller Welt, teils mit gecharterten Maschinen, nach Hause geflogen wurden. Aber auch da fiel eine Kostenbeteiligung an. Apropos Evakuierung: Diese Option existiert natürlich nur, wenn die Vertretung überhaupt weiß, wer im Lande unterwegs ist. Bei Reisen in Krisengebiete lohnt es sich daher, sich in die Krisenvorsorgeliste einzutragen, um im Notfall erreichbar zu sein. Was die Wenigsten wissen: In akuten Notlagen und wenn keine deutsche Vertretung existiert, können sich deutsche Reisende auch an Botschaften und Konsulate anderer Staaten der Europäischen Union wenden, so ist es im Vertrag zur Gründung der Europäischen

Gemeinschaft festgelegt – wenn es einem denn gelingt, dieses Anliegen an der jeweiligen Pforte zu formulieren. Und der Wachmann mitspielt.

Und zum Schluss noch ein Tipp: So praktisch E-Mails sind, für den Kontakt mit unseren ausländischen Vertretungen eignen sie sich nur begrenzt. Das Onlinereiseportal Ab-in-den-Urlaub sandte im Jahr 2013 allen deutschen Botschaften im Ausland im Abstand von sieben Wochen zwei E-Mails mit der Bitte um Hilfe bei Passverlust. 20 Botschaften – darunter Bangladesch, Finnland, Kanada, Nicaragua, Vatikan, Bolivien, Brasilien, Dänemark, Frankreich, Sambia, Schweden und Tansania – antworteten gar nicht oder nur auf eine der E-Mails, 20 weitere ließen sich mit der Antwort mehr als 24 Stunden Zeit. Immerhin 59 Prozent reagierten innerhalb von zwei Stunden, die Botschaften in Costa Rica, Panama, El Salvador, Uruguay, Chile, Bosnien-Herzegowina, Armenien, Zypern, der Elfenbeinküste, Neuseeland und Malaysia sogar in weniger als einer Stunde.

## Harte Fakten

- 229 deutsche Botschaften und Generalkonsulate sowie die 356 ehrenamtliche Honorarkonsuln gibt es derzeit weltweit.
- 60.000–70.000-mal im Jahr helfen die Botschaften und Konsulate Deutschen, die im Ausland in Not geraten sind.

# AUF REISEN SOLLTE MAN DEN WEG ZUM NOTAUSGANG KENNEN

Vor einigen Jahren kam ich zum allerersten Male in den Genuss eines Feueralarms im Hotel. Immerhin, es war helllichter Nachmittag und ich hatte die Schuhe zufällig schon in der Hand. Mit meinem Sohn rannte ich in gefühlt zehn Sekunden über den Notausgang 17 Stockwerke herunter. Als wir atemlos in der Lobby ankamen, war von Evakuierungsmaßnahmen oder gar Panik wenig zu spüren. Der Angestellte an der Rezeption war gerade dabei, einige Unterlagen zu sortieren. Während eines Feueralarms?!? »Wird wohl ein Fehlalarm sein«, meinte er lapidar. Das war mir doch ein bisschen zu wenig. Ganz ehrlich, wie dumm wäre es, im Fall eines

Brandes wieder seelenruhig mit dem Aufzug in den 17. Stock zurückzufahren? Nach einigem Hin und Her und einem widerwilligen Telefonat des Portiers mit der »Security« schließlich war klar: alles okay. So froh ich war – nicht zuletzt, weil alle Wertsachen und Pass noch im Zimmer lagen –, so blöd kam ich mir vor. Fakt war nämlich: Wir waren nicht nur die Schnellsten auf dem Weg in die Lobby, sondern auch die Einzigen. In einem 20-stöckigen und gut gebuchten Hotel wohlgemerkt, mit mindestens 400 Zimmern. Auf dem Weg zurück zum Zimmer streckte noch ein Nachbar den Kopf aus der Tür und fragte: »Warum seid ihr vorhin denn so panisch gerannt?« »Feueralarm«, sagte ich, und er nickte mit dem Kopf. »Ach, das war der Krach!«

Vielleicht hätte ich aus diesem Zwischenfall die falschen Schlüsse gezogen – so etwas Dummes wie »das nächste Mal erst nach Rauch schnuppern, dann rennen« –, wenn nicht in dieser Nacht in London das Grenfell Tower Hochhaus abgebrannt wäre, mit mehr als 70 Toten. Nicht dass ich den Bewohnern unterstellen will, sie seien nicht rechtzeitig gerannt – es unterstreicht einfach, welch ein Potenzial so ein Hochhausbrand hat.

Feuer im Hotel ist übrigens gar nicht so selten. Meist entsteht es durch offenes Feuer in der Küche, durch fehlerhafte Elektrik aller Art, unachtsame Raucher, Reparaturarbeiten mit Funkenschlag (wie Schweißen) und manchmal auch durch Brandstiftung. Dass Feuer, zumindest in Europa, dennoch selten wirklich verheerende Folgen haben, ist den strengen Bauauflagen und der Technik geschuldet: Sprinkleranlagen, Brandmelder, teils auch automatische Brandtüren und natürlich die Verwendung von schwer brennbaren Materialien helfen, Brände einzudämmen. Leider gilt dies nicht für alle Länder der Welt. Dort, wo Armut herrscht, spart man gerne zuerst an vermeintlich unnötigem Schnickschnack – wird schon gut gehen! Auch Korruption ist ein verlässlicher Brandbeschleuniger, denn überall dort, wo es billiger ist, die Bauaufsicht zu schmieren, als wirklich die teuren Anlagen einzubauen, darf man nicht auf schnelle Hilfe hoffen. Beispiele für solche Hotels gibt es zu tausenden. Als Anfang 2019 das Arpit Palace Hotel in Neu-Delhi abbrannte, wurde das Feuer wahrscheinlich durch einen Kurzschluss verursacht und von Holzverkleidungen in den Fluren angefacht. Einen Brandmelder gab es nicht, die viel zu engen Rettungswege waren teils zugestellt. 17 Menschen starben. In diesem Fall war das Hotel sogar überprüft – und danach sofort umgebaut worden. Ein Jahr zuvor starben 20 Menschen bei einem Brand im Beilong Hot Spring Hotel im nordchinesischen Harbin. Obwohl es mehrfach durch die sicherheitstechnische Überprüfung der Feuerwehr gefallen war, blieb das Hotel in Betrieb.

Egal wo auf der Welt gibt es in diesem Zusammenhang übrigens eine interessante Frage: Wie hoch reicht eigentlich eine Feuerwehrleiter? Die Antwort ist ernüchternd: bis in den siebten Stock, ungefähr, plus/

minus einige Meter. In allen höher gelegenen Etagen kann man eigentlich nur hoffen, dass niemand fahrlässig den Fluchtweg verstellt hat. In eingangs beschriebenem Hongkonger Hotel war alles in Ordnung, sogar gut beleuchtet war das Treppenhaus. Auch das ist nicht selbstverständlich.

## Harte Fakten

Statistiken zum Thema Hotelfeuer sind gar nicht so einfach zu bekommen. Für die USA gibt es so etwas jedoch. Die National Fire Protection Association (NFPA) zählt pro Jahr rund 3900 Hotel- und Motel-Brände, nur 22 Prozent von ihnen breiten sich über das Ursprungszimmer hinaus aus. Insgesamt machen Hotelbrände lediglich ein Prozent aller Wohnhausbrände aus. Besonders oft brennt es zwischen 18 und 21 Uhr – wahrscheinlich, weil dann in der Küche besonders viel los ist.

## Praxistipp

Sich auf dem Weg zum Zimmer den nächsten Notausgang einzuprägen kostet nur wenige Sekunden und rettet im Fall der Fälle vielleicht das Leben. Dies übrigens nicht nur bei einem Brand, sondern auch bei Erdbeben oder anderen Katastrophen.

# REISENDE SIND CO$_2$-SCHWEINE

Vor wenigen Jahren war die Welt für Fernreisende noch in Ordnung: Das größte Problem bestand darin, das Geld für einen Flug zusammenzukratzen. Dann kam Greta, und alles wurde anders.

Die Erkenntnis, dass Flugreisen große Mengen CO$_2$ verursachen, ist natürlich nicht neu, fand aber jenseits der Hardcore-Umweltschützer lange Zeit wenig Beachtung. Heute kommt man als Reisender kaum umhin, sich mit den Klimafolgen auseinanderzusetzen. Doch wie steht es genau um die Schä(n)dlichkeit des Fliegens? Ein Hin- und Rückflug nach Tokyo beispielsweise verursacht im Durchschnitt circa fünf Tonnen CO$_2$ – und eine Menge Stickoxide, die die treibhauswirksamen Gase Ozon und Methan bilden. Dafür könnte man rund 30.000 Kilometer Auto fahren – und müsste man wohl auch, wollte man die 12.000 Kilometer einfacher Luftlinie per Auto bewältigen.

Der Vergleich mit Auto, Bahn oder gar Fahrrad ist bei solchen Fernbeispielen eher müßig – wer hat schon die Zeit, per Bahn nach Tokyo zu fahren? Auf der Kurz- und Mittelstrecke freilich sieht es anders aus: Muss man von Frankfurt nach München wirklich fliegen? Dabei fallen rund 100 Kilogramm $CO_2$ pro Person an, bei einer Reise mit der Bahn wären es gerade mal 17 Kilogramm. Genauso berechtigt ist die Frage, ob es für einen 14-tägigen Aufenthalt am Pool und dreimal am Tag Buffet wirklich die DomRep sein muss.

Leider ist Reisen ganz generell eher nichts fürs Klima: Nach einer Studie der Universität Sydney aus dem Jahr 2018 gehen rund acht Prozent aller weltweiten Treibhausgasemissionen auf den Tourismus zurück. Eingerechnet sind dabei die Transporte aller Art, Unterkünfte, Shopping und Verpflegung. Interessant ist in diesem Zusammenhang, wo auf der Welt wie viel produziert wird: So sind die Malediven – deren Politiker nicht ganz zu Unrecht einen Anstieg des Meeresspiegels befürchten, schließlich ragen die Inseln im Durchschnitt gerade mal zwei Meter aus dem Wasser – bei den Pro-Kopf-Emissionen mit fünf Tonnen pro Jahr weit vorne und liegen sogar noch ein gutes Stück vor Deutschland.

Die Erklärung ist einfach: Es ist der Tourismus, der die dortigen Emissionen zu 80 Prozent verursacht. Nicht ganz logisch ist daher, dass man auf den Malediven gerne mit dem Finger auf den Westen zeigt, den Tourismus jedoch weiter nach besten Kräften fördert und die Zahl der Besucher vervielfachen will.

Egal wohin die Reise geht, fürs gute Gewissen und die Umwelt bieten etliche Organisationen Kompensationsprogramme an: Man berechnet online, wie viel $CO_2$ durch die Reise entsteht, und gleicht dann den Schaden durch eine Zahlung an ein Umweltprojekt aus, zum Beispiel ein Wiederaufforstungsprojekt, denn Bäume binden $CO_2$. Im Grunde ein moderner Ablasshandel also, wenn auch mit verbrieften Vorteilen. Oft kann man das gleich über einen Link auf der Website der Airline erledigen. Nach der Buchung kann man sich den dadurch verursachten $CO_2$-Ausstoß berechnen und zu einer Kompensationsseite weiterleiten lassen. Atmosfair (www.atmosfair.de) zum Beispiel oder MyClimate (https://de.myclimate.org), Klima-Kollekte (https://klima-kollekte.de) oder Primaklima (www.primaklima.org) und viele andere.

Wie die Airline selbst abschneidet, kann man im *atmosfair Airline Index* nachschauen – und die Unterschiede sind durchaus groß.

Wer nun anstelle des Fliegers mit dem Kreuzfahrtschiff liebäugelt, schneidet sogar noch schlechter ab, zumal die Starthäfen ohnehin meist per Flieger erreicht werden. Auch wer die eher spartanische Reise wählt und mit dem Frachtschiff anreist – was in Traveller-Kreisen als besonders authentisch gilt und außer diesem Etikett wenig Luxus zu bieten hat, sieht man mal von der Tischtennisplatte im Aufenthaltsraum ab –, ist natürlich mit Schweröl unterwegs.

Das Reisen zu verdammen, will mir dennoch nicht gelingen: Für die internationale Verständigung und das Verständnis fremder Kulturen reicht ein YouTube-Video eben doch nicht …

### Aber

Es gibt unglaublich viele Möglichkeiten, den $CO_2$-Fußabdruck zu verringern: Das Körbchen Erdbeeren aus Südafrika schlägt mit sechs Kilo $CO_2$ zubuche, ähnlich steht es um viele weitere Obst- und Gemüsesorten, die per Flieger oder Schiff aus der Ferne kommen. Auch Fleisch, vor allem Rindfleisch, ist kein klimafreundliches Lebensmittel. Oft übersehen wird, wie viele Emissionen das Surfen im Internet verursacht. Logisch, die zahllosen Server weltweit müssen ja auch per Strom betrieben werden. Auch in dieser Hinsicht lässt sich gut $CO_2$ sparen. Ganz generell lohnt es sich, einfach bei einem der vielen $CO_2$-Rechner nachzuschauen, wo man persönlich Sparpotenzial hätte.

Es lohnt sich durchaus, einen genauen Blick auf die $CO_2$-Rankings der Airlines zu werfen. Für überdurchschnittliche Bestuhlung und überdurchschnittliche Auslastung beispielsweise gibt es Pluspunkte. Das klingt aus umwelttechnischer Sicht echt prima, allerdings lässt die Freude daran sehr nach, wenn man a) einen Langstreckenflug vor sich hat und b) gerne über drei Sitze ausgestreckt schläft und c) größer als 1,60 Meter ist.

# WER REIST, MUSS ZWISCHEN DEN ZEILEN LESEN

Egal, wie lange man schon als Reisender unterwegs ist, irgendwann fällt jeder mal auf die blumigen Beschreibungen der Kataloge und Buchungsseiten herein. Bei mir war es zuletzt ein Hotel in Frankreich. »Sehr gute Verkehrsanbindung, doppelverglaste Fenster, großzügige Zimmer, landestypische Einrichtung, teilrenoviert« hieß es, dazu ein Hinweis auf die malerische Altstadt des Ortes. Gelogen war das nicht: Direkt hinter dem Hotel rauschte die Autobahn vorbei, verkehrsgünstiger konnte man in der Tat nicht übernachten, was übrigens auch trotz der Doppelverglasung kaum zu überhören war. Dass die Zimmer so großzügig geschnitten waren, hatte ebenfalls einen guten Grund: Mitten im Industriegebiet gelegen, schien es nicht auf den einen oder anderen Quadratmeter anzukommen. Und die Einrichtung? Auf jeden Fall landestypisch. Zum Beispiel für eine Bruchbude in der Pariser Banlieue. Auf welchen Teil des Hotels sich die Angabe »teilrenoviert« bezog, war klar: Überall dort, wo noch die Handwerkerutensilien herumstanden, waren Veränderungen im Gange. Mein Lieblingsdetail: Der auf dem Foto abgebildete Rasen stellte sich als Kunstrasen heraus. Sogar die schnuckelige Altstadt gab es, wenn auch viele Kilometer entfernt. Es hatte ja auch niemand explizit behauptet, sie läge um die Ecke.

Bei einer einzigen Übernachtung mag man so einen Flop noch hinnehmen (mit einem mentalen Vermerk »das nächste Mal auch die Karte anklicken«), bei längeren Aufenthalten haben solche Lapsi natürlich das Potenzial, die gesamte Reise wie einen Betonklotz komplett zu versenken.

Leider sind marketingverseuchte Texte eher die Regel als die Ausnahme und die Liste der irreführenden Ausdrücke ist endlos: »Direkt am Meer gelegen« bedeutet noch lange nicht, dass auch ein Strand in der Nähe ist. Und falls doch: Ein Strand ohne die Vorsilbe Sand- kommt meist ohne jenen aus. Auch am Naturstrand wird einem nie langweilig, denn bei langen Strandspaziergängen findet man so allerhand nettes Treibgut, schließlich wird hier nie aufgeräumt. Nur das Sonnenbad macht dann wenig Spaß.

Viel Mut zur Exegese braucht man auch bei den Zimmerbeschreibungen: »Zweckmäßig eingerichtete« Unterkünfte sollte man meiden wie der Teufel das Weihwasser, denn schon ein Haken an der Wand gilt bei dieser Beschreibung als Luxus. Und ein Zimmer auf der Meerseite muss noch lange keinen Blick aufs Wasser bedeuten, genauso wie der seitliche Meerblick, der eine gewisse Belastung der Nackenwirbel mit sich bringen kann, wenn man denn unbedingt einen Blick auf die blauen Fluten werfen möchte. Gut, dass es noch den Swimmingpool gibt. Doch Achtung: Der »beheizbare Pool« ist oft schweinekalt, weil man sich im Hotelmanagement gegen die Sissi-Variante entschieden hat, gibt aber das gute Gefühl, man könnte. Also theoretisch. Auch über die angepriesene Diskothek freut man sich nur so lange, bis man direkt darüber oder daneben wohnt. Genauso wie über das internationale Publikum: Britische Saufgruppen und russische Partys gehen mit einer gewissen Lärmbelästigung einher. Rund um die Uhr natürlich. Auch das »regelmäßige Unterhaltungsprogramm« raubt einem bis in die Puppen den Schlaf. Da macht es schon nichts mehr aus, wenn man an der »breiten Uferpromenade« samt vierspuriger Straße wohnt.

Gut, wenn das Hotel dann wenigstens Fluchtmöglichkeiten bietet und »bequem mit dem Taxi zu erreichen ist«. Prima, denn hier fährt garantiert kein öffentlicher Bus. Außer man wohnt in einem »belebten Ort«, der es rund um die Uhr akustisch ermöglicht, am Straßenleben teilzuhaben. »In idyllischer Lage« wiederum übersetzen wir salopp mit »am Arsch der Welt«.

Auf die Formulierung »touristisch gut erschlossen« hingegen fällt der Reisende eher selten herein, erkennt aber nicht immer die Zimmergrößenangabe, die sich hinter »kein Kinderbett möglich« verbirgt: Mit ein wenig Glück kann man in diesem Zimmer gerade mal den Koffer ganz aufklappen. »Kinderfreundlich« kann das Hotel dennoch sein, was man wiederum mit »nicht erwachsenenfreundlich« übersetzt – und laut, wirklich laut! Wenn unter »Sport und Fitness« das Sonnenbad auf der Terrasse des Hotels angepriesen wird, darf man getrost davon ausgehen, dass es im Umkreis von zehn Kilometern auch nichts anderes gibt, was man machen könnte. Außer natürlich, beim »kontinentalen Frühstück« auf dem mageren Croissant herumzukauen, viel mehr gibt es nämlich nicht. Bei Mehrbettzimmern lohnt es sich, genau hinzuschauen, ob man sie sich am Ende nicht mit Fremden teilen muss. In vielen Ländern ist auch die Bettengröße einen Blick wert, denn hier und da gelten auch schon 120 cm Breite als Doppelbett. Da muss man schon sehr schlank oder sehr verliebt sein, im besten Falle beides. Übrigens heißt es schon bei der Flugbuchung, aufpassen: Der Direktflug beinhaltet wahrscheinlich Zwischenlandungen, nur der Non-Stop-Flug führt direkt zum Ziel.

Maschinenbasierte Übersetzungen ins Deutsche, wie man sie hier und da bei internationalen Buchungsplattformen findet, verschärfen die Problematik – gut, wenn man dann ein wenig nach unten scrollt und das Original lesen kann. Ein Thema für sich sind die Fotos: Ist das Zimmer mit einem Weitwinkelobjektiv fotografiert worden? In jedem Fall lohnt sich ein Blick auf die Quadratmeterangaben. Und dass das Hotel oder Apartment natürlich nur von der schönsten Seite abgelichtet wurde, versteht sich von selbst. Spannend sind da die Fotos anderer Gäste, wie man sie mittlerweile auf einigen Buchungsplattformen findet.

Beschwerden sind fast immer sinnlos, denn auf eines darf sich verlassen: Da waren schon ein paar Juristen dran. Wirklich gelogen wird ja auch nicht.

# REISEN MIT CHECKLISTE IST ZIEMLICH STRESSIG

W eite Landschaften durchwandern, durch malerische Gassen spazieren, fremde Kulturen entdecken, sich treiben lassen, lokale Leckereien genießen ... das ist das wahre Reisen. Doch mit dem spontanen »Entdecken« ist es so eine Sache – schließlich weiß jeder, was man in Paris oder London, New York oder Sydney gesehen haben muss. Wie eine Art Benchmarking kursieren im Netz Listen der Top Ten, Top Twenty oder, wenn das Reiseziel nichts hergibt, auch nur Top Five für quasi jeden Ort der Welt. Und wehe, man hält sich nicht daran!

Die Grundregel lautet: Je weiter weg, desto schlimmer, wenn man das Pflichtprogramm nicht absolviert hat. Neuseeland ohne Milford Sound? Paris ohne den Eiffelturm? Da hätte man ja gleich zu Hause bleiben können! Profis arbeiten sogar mit zwei Listen: Die mit den Klassikern, die man gesehen haben muss, und die, mit denen man noch etwas reißen kann. Denn klar ist: Die Basis-Checkliste der gängigen Sehenswürdigkeiten reicht natürlich nur für ein knappes »bestanden«. Die Auszeichnung gibt es für echte Geheimtipps und Erlebnisse, die man nicht so einfach rekonstruieren kann. Und die noch lange später wie ein Mahnmal für die Authentizität der Reise stehen – auch im Gespräch mit anderen. »Oh, in Shanghai gewesen? Habt ihr da auch den lauschigen Imbiss in der Seitengasse gleich am Anfang des Tianzifang-Viertels besucht? Ach, ihr wart gar nicht in Tianzifang? Da habt ihr aber was verpasst.« Wichtig ist nun natürlich, genau zu erklären, warum gerade das Tianzifang-Viertel so sehenswert, authentisch und wunderbar ist. Gelingt es der anderen Seite nicht, nun ebenfalls etwas ganz Einmaliges aus dem Hut zu zaubern, zum Beispiel eine wahnsinnig interessante Begegnung mit einem oppositionellen Künstler, den man zufällig in einer Insider-Bar (»Man muss klopfen, um hereingelassen zu werden!«) kennengelernt hat, gerne auch mit einigen Beweisfotos auf dem Handy, dann steht es klar 1:0 im Reiseduell. Geschickte Reisende toppen ihre Konkurrenten mit einem Erlebnis aus der Vergangenheit: »Ich bin ja damals noch mit der transsibirischen Eisenbahn nach Shanghai gefahren. Das war noch ein echtes Abenteuer, ganz anders als heute!« Danach muss man sich nicht nur haarklein anhören, warum damals alles viel aufregender war, man hat auch keine Chance, jemals mitzuhalten. Vorbei ist vorbei, die guten alten Zeiten kommen nicht mehr zurück und so cool kann niemand mehr die Transsib absolvieren.

Die Checklisten für das schlechte Gefühl kann man sogar kaufen: Bücher mit Titeln wie »1.000 Orte, die man gesehen haben muss« oder »Was man gesehen haben muss in ...« setzen die Standards. Ich bin mir sicher, ALLE, die diese Bücher in die Hand nehmen, schauen erst einmal, ob denn auch was drin ist, was man selbst schon besucht hat. Lassen Sie's – es ist ein unglaublich schales Gefühl, KEINEN EINZIGEN Ort darin zu finden, den man persönlich kennt, fast so als wäre man ein Leben lang immer haarscharf an den tollsten Orten vorbeigesegelt.

Wichtig ist auch, unbedingt eine »Bucket List« zu haben, das ist an sich schon cool. Falls Sie das aus Unwissenheit noch nicht haben: Es handelt sich dabei um eine Liste aller Reiseziele, die man gesehen haben möchte, bevor man den Löffel abgibt (auf Englisch: ›to kick the bucket‹). Es klingt wunderbar, auf einer Party zu sagen: »Auf meiner Bucket List habe ich noch den Kilimandscharo.« Auch wenn man da niemals im Leben hinkommen wird und heimlich für dieses Jahr schon zwei Wochen an der spanischen Costa del Sol gebucht hat. Für einen kurzen Moment umweht den Listeninhaber der Hauch des Abenteuers. ·

Ganz so einfach scheint es mit der Bucket List aber dann doch nicht zu sein, denn offensichtlich brauchen viele Reisende unbedingt Anregungen. Googelt man die Begriffe »Bucket List Reisen«, kommen immerhin um die 3.400.000 Treffer – nur auf Deutsch wohlgemerkt. Vielleicht ist es aber auch nur so, dass Hinz und Kunz ihre Bucket List online stellen, weil sie sowieso niemals im Leben näher an diese Reiseziele kommen als über die Tastatur. Ist ja auch schon was.

## Praxistipp

Um das Checklisten-Duell zu gewinnen, empfiehlt es sich, den Gegner zuerst berichten zu lassen. Dann wissen Sie schon mal, wo er sich auskennt, und können danach schamlos dichten und lügen. Merkt sowieso keiner!

# AUF REISEN FINDET MAN SICH SELBST (NICHT)

Schon zu meinen Studienzeiten – lange ist es her – gab es eine Kommilitonin, die mit Begeisterung mehrfach zum Meditieren in ein Kloster fuhr. Nach Indien wohlgemerkt, um sich vier Wochen lang bei Wasser und Brot, vielleicht war es auch Reis, dem tibetischen Buddhismus hinzugeben. Mein erster lästerlicher Gedanke war: Dafür tausend Mark ausgeben? Das kann man in einem katholischen Kloster in Bayern sicher günstiger haben. Allerdings klingt das längst nicht so cool und hat den eklatanten Nachteil, dass man ALLES versteht, was da so gepredigt wird. De facto war sie viel mehr am Puls der Zeit als ich, denn mittlerweile gibt es spirituelle Angebote in Hülle und Fülle: Spirituelle Erlebnisreisen, mystische Reisen, Schamanenreisen, Klosterurlaub, Touren zu Kraftorten und was nicht noch alles. Sogar Therapien in Kombination mit Reisen sind dabei, von der persönlichen Abgrenzung bis zur Kunsttherapie, Wandern mit Chakra-Meditation, schamanische Herzöffnung für Frauen (was mir ein bisschen zu sehr nach einer OP am offenen Herzen klingt), Heilungsimpulse in intensiven Energiefeldern, das innere Kind auf Teneriffa finden ... Letzteres kann ich gut verstehen, denn mein inneres Kind möchte, so wie sein erwachsenes Äußeres, auch lieber in einem sonnigen Land sein. Mein persönlicher Liebling ist jedoch das »Gedanken-Fasten« unterwegs. Ich befürchte, das betreiben schon viel mehr Menschen, als man so allgemeinhin annimmt. Besonders beliebt sind in diesem Travel-Segment natürlich asiatische Länder, allen voran Indien, von wo aus bereits die Beatles zur Suche nach dem Nirwana starteten. Interessanterweise, so meine kleine, wissenschaftlich nicht ganz lupenreine Erhebung, folgt danach das Reiseland Spanien. Nicht dass ich Spanien nicht mögen würde, als besonders spirituelles Umfeld ist es mir allerdings bisher nicht aufgefallen. Vielleicht liegt es einfach daran, dass ich eben noch keine spirituelle Reise gemacht habe und auch nie machen werde, denn einige Monate in einer WG mit einem selbst ernannten Schamanen (er outete sich erst nach dem Einzug), haben mir eine gesunde Skepsis ins Erwachsenenleben mitgegeben.

Vielleicht liegt es aber auch daran, dass Reisen an sich schon eine Konfrontation mit sich selbst ist. Als »existenzielle Selbstbegegnung in unbekanntem Terrain« bezeichnete sie der Philosoph Peter Vollbrecht in einem Interview mit der Zeitschrift *Psychologie heute* und beleuchtet damit einen Reiseaspekt, der oft übersehen wird. Erst in der Auseinandersetzung mit einer anderen Kultur wird dem Reisenden bewusst, welche Normen und Haltungen er oder sie als »normal« empfindet – und dass sie eben nicht überall gelten. Und ist es wirklich so gut um die eigene Toleranz bestellt, die man sich so gerne auf die Fahne schreibt? Hin und wieder sind auch ernüchternde Selbsterkenntnisse dabei, wenn man sie denn zulässt: »Nein, Luxus ist mir nicht unwichtig, ich will nie wieder auf einer harten Pritsche schlafen« oder »Es gibt Kulturen, mit denen kann ich mich nicht anfreunden. Zum Teufel mit der Toleranz!«

Logischerweise kollidieren solche Erkenntnisprozesse hier und da mit den anderen Ansprüchen, die wir im Westen meist an eine Reise stellen: Sie soll die Batterie aufladen, erholsam sein, einen Moment der Freiheit bescheren, wieder fit machen für den Alltag ... Letzteres klappt übrigens nur bedingt: Bereits eine Woche nach der Rückkehr lässt sich der Erholungseffekt oft kaum mehr nachweisen, so eine Studie der Psychologin Jessica de Bloom an der Universität Nijmegen.

## Praxistipp

Therapeutische Reisen, das klingt verlockend: sich an einem schönen Ort erholen und gleich auch noch ein paar dicke Probleme lösen. Mag sein, dass das hier und da unter guter Anleitung möglich ist. Die Bezeichnung »Therapeut« ist jedoch nicht geschützt und man sollte sich vor einer solchen Reise gut erkundigen, wer einem da mit welcher Methode an der Seele herumdoktert – und dabei nicht vergessen: Solche Prozesse sind kein Spaziergang, sondern oft schmerzhaft und anstrengend.

## Gut zu wissen

Spirituell bedeutet nicht unbedingt einsam: Allein über das Netz der Jakobswege wandern jedes Jahr rund 270.000 Menschen nach Santiago de Compostela, davon rund 14.000 Deutsche. Da muss man hier und da schon früh starten, wenn man den Weg allein laufen will.

# REISEN MIT GROSSEN VERANSTALTERN SIND NICHT UNBEDINGT SICHERER

G roße Veranstalter, das bedeutet Marktmacht, Mitarbeiter überall auf der Welt, ein breites Angebot und jede Menge Geld im Hintergrund. Oft wirft man ihnen auch vor, die Hotelpreise zu drücken. Doch wer dachte, einem solchen Unternehmen könne eigentlich nichts passieren, wurde im September 2019 eines Besseren belehrt: Aus heiterem Himmel – zumindest für die Reisenden – musste Thomas Cook, der älteste und größte Reiseveranstalter der Welt, Insolvenz anmelden. Wie überraschend dies kam, war einfach zu messen: Rund 600.000 Reisende waren weltweit davon betroffen, darunter 150.000 Briten und 140.000 Deutsche – und sie alle hätten wohl kaum ihren Urlaub dort gebucht, hätten sie die Pleite kommen sehen. Von den Hoteliers, die teils ihre ganze Anlage an Thomas Cook vergeben hatten, gar nicht zu reden ...

Sagenhafte 1,7 Milliarden Pfund Schulden hatte Thomas Cook angehäuft, ein Rettungsversuch durch eine geplante 900-Millionen-Pfund-Rekapitalisierung durch den größten Anteilseigner Fosun Tourism Group scheiterte, als sich herausstellte, dass auch dieses Geld nicht reichen würde. Ganz so überraschend war die Pleite daher in Tourismuskreisen doch nicht.

Natürlich waren die deutschen Reisenden mit einem Sicherungsschein abgesichert, wie er seit 1994 gesetzlich vorgeschrieben ist. Bereits 1990 hatte die EU-Kommission einen Pleiteschutz für Reisende angemahnt, doch erst nach den spektakulären Insolvenzen der Veranstalter MP Travel und Mario wurden die Vorgaben endlich umgesetzt. Bereits wenige Wochen nach der Einführung versagte der Schutz: Als der Veranstalter Interflug in die Insolvenz rutschte, gingen die Reisenden leer aus, denn das Unternehmen hatte seine Versicherungspolice nicht bezahlt. Rund tausend Reisende saßen ohne Rückflugticket in der Türkei fest und harrten teils tagelang am Flughafen aus, bevor sie gegen weitere Zahlungen nach Hause fliegen konnten. Problematisch bei der aktuellen Pleite ist: In Deutschland ist die Insolvenzversicherung für Reiseveranstalter auf 110 Millionen Euro begrenzt. Da muss man nicht lange rechnen, um auf ein ernüchterndes Ergebnis zu kommen: Das wird nicht reichen, um alle Reisenden zu entschädigen, denn die betroffenen Reisenden hatten insgesamt einen Schaden von 250 Millionen Euro gemeldet. Ende 2019 erklärte sich schließlich der deutsche Staat bereit, die Differenz zu übernehmen. Nicht zuletzt, weil Tourismusexperten schon lange vorher die viel zu geringe Versicherungssumme bemängelt hatten – und damit auf taube Ohren gestoßen waren.

Doch warum traf es gerade Thomas Cook? An der Erfahrung kann es jedenfalls nicht gelegen haben: 1841 organisierte Thomas Cook die erste Gruppenreise und setzte damit Standards. Auch in Sachen Pauschalreisen war der Veranstalter in den 1960ern Vorreiter und rühmte sich seither, seine Kunden rundum zu betreuen, mit dem Slogan: »Don't just book it, Thomas Cook it.« Aber vielleicht war genau das nicht mehr das passende Konzept in einer Zeit, in der die Reisenden zunehmend online buchen und ihre Reisen flexibel zusammenstellen. Auch der Betrieb der eigenen Airline erwies sich langfristig als kostspielig. Andere große Veranstalter dürften die Thomas-Cook-Pleite mit großem Interesse verfolgt haben, schließlich sind vielen diese Probleme nicht fremd. Und welche Lehren zieht der Reisende aus diesem Fiasko? Ehrlich gesagt eher wenige: Finanzielle Probleme gibt es in den besten Häusern, und in der Regel erfährt man erst davon, wenn es längst zu spät ist. In die Bücher der Veranstalter kann man nun mal nicht schauen. Tröstlich ist: In der Regel reicht der Sicherungsschein zudem aus, vorausgesetzt man hat ihn gut abgelegt.

# WASSERDICHT REISEN MACHT DIE UMWELT KAPUTT

Im klammen Nebel über einsame Bergwege wandern, trotz Monsunregen den Dschungel entdecken, die immensen Temperaturunterschiede der Andenregion aushalten: Wer ernsthaft reist und sich nicht von Wetterlagen die Tour bestimmen lassen will, der braucht die richtige Kleidung. Eine Outdoorjacke, vielleicht auch eine Wanderhose, genauso wie einen robusten Rucksack und allerhand Extras wie den Multifunktionsloopschal, der genauso als Mütze oder Stirnband taugt, und natürlich die passenden Outdoorschuhe, Schlafsack und vielleicht auch noch ein Zelt. Wasserdicht und atmungsaktiv muss alles sein, für kalte Regionen gerne auch mit dem Naturmaterial Daune gefüllt. Fehlt nur noch das Abenteuer, dem man nun perfekt ausgerüstet begegnen kann. Und cool sieht man damit übrigens auch noch aus, denn die unausgesprochene Botschaft der Profikleidung ist klar: Ich bin ein Traveller und kein Warmduscher-Urlauber aus dem All-inclusive-Resort. Bleibt die Frage: Wie umweltfreundlich ist Outdoorkleidung? Die erschreckende Antwort ist: im Zweifelsfalle gar nicht. Für die meisten Reisenden kommt diese Erkenntnis überraschend, nicht zuletzt, weil Outdoorkleidung natürlich immer in dem Umfeld präsentiert wird, in dem sie der Käufer später auch trägt. Sportliche Menschen klettern in der Werbung über malerische Wanderwege, den Blick auf einen fernen Alpengipfel gerichtet, rasten auf Felsen in der perfekten Natur und wirken dabei, als sei ihnen der Schriftzug »Nachhaltig!« auf die Stirn geschrieben.

Die Realität geht so: Outdoorkleidung ist zwangsläufig zu mindestens 90 Prozent aus synthetischen Stoffen hergestellt. Anders ließen sich die wundersamen Eigenschaften auch gar nicht garantieren. Sie sind daher in der Herstellung nicht nur energieintensiv, sie sind, wenn sie ihre Schuldigkeit getan haben, auch nur schwer abbaubar. Damit die Funktionskleidung und -ausrüstung wind- und wasserfest ist, wird sie zudem mit per- und polyfluorierten Chemikalien – PFC, auch als Fluorcarbone bekannt, meist handelt es sich um Perfluoroktansulfonsäure (PFOS) und Perfluoroktansäure (PFOA) –

und Weichmachern behandelt. Bei der Herstellung, aber zu einem gewissen Teil auch über die Träger der behandelten Kleidung werden die Stoffe, die unter dem Verdacht stehen, Krebs zu erregen und in den Hormonhaushalt einzugreifen, in der Welt verteilt, denn mit jedem Waschen gelangen Mikrofasern ins Wasser. PFC lässt sich mittlerweile an den unwahrscheinlichsten Orten nachweisen, sogar mitten im Himalaya, den Anden und in der Arktis. Problematisch ist, dass es letztlich im Grundwasser landet und ebenfalls schwer abbaubar ist.

Auch der Naturstoff Daune – vom Material her eigentlich unproblematisch – kommt mit einem Makel daher: In der EU dürfen Gänse und Enten nur während der Mauser gerupft werden, das heißt das wärmende Untergefieder wird ihnen ausgerupft, wenn es sowieso locker sitzt. Das klingt schon nicht besonders angenehm, schlimmer ist die Situation in Ländern, in denen der Tierschutz keinerlei Lobby hat. Dort rupft man die Tiere bis zu alle sechs Wochen, ein extrem schmerzhafter Prozess, der mit vielen Wunden einhergeht. Dies im Hinterkopf, fühlt sich der Daunenschlafsack schon gar nicht mehr so kuschelig an.

## Aber

Es gibt starke Bestrebungen in der Branche, ökologischer zu werden. Viele Outdoorhersteller haben mittlerweile nicht nur umweltfreundlichere Alternativen im Programm, sie forschen auch intensiv zu Alternativen, die es möglich machen, auf PFC zu verzichten. Es lohnt sich daher, beim Kauf nachzufragen und sich den Unterschied zwischen den verschiedenen Materialien und Imprägnierungen erklären zu lassen. Markennamen habe ich hier nicht genannt, denn in der Szene regt sich viel. Wer sich für den aktuellen Stand der neuen Technologien interessiert, kann im Internet »PFC-freie Outdoorkleidung« suchen.

Erste wasserabweisende Outdoorjacken aus Baumwolle und einer Imprägnierung aus Bienenwachs und Naturölen lassen hoffen, dass in naher Zukunft auch eine größere Auswahl an Outdoorkleidung aus Naturstoffen in den Handel kommen könnte. Wer sichergehen will, kann sich an einem der vielen Textilsiegel wie Bluesign orientieren. Einen Überblick über die verschiedenen Standards gibt es unter www.siegelklarheit.de. Bei Daunen sollte man wiederum darauf achten, dass die Kleidung nach dem »RDS = Responsable Down Standard« oder »Global Traceable Down Standard« hergestellt wurde. Umweltverträglicher ist es auch, Kleidung aus Recyclingpolyester zu kaufen: Manch ein Fleecepulli wurde aus PET-Flaschen hergestellt!

Ist die Outdoorkleidung gerissen, muss man sie mittlerweile auch nicht mehr zwingend wegschmeißen. Etliche Hersteller bieten einen Reparaturservice, um die Lebensdauer zu verlängern.

### Was bedeutet eigentlich die »Wassersäule«?

Wer Outdoorkleidung kauft, kommt um diesen Begriff nicht herum: Die Wassersäule gibt Auskunft darüber, welchem Wasserdruck das Gewebe standhält, 1.000 Millimeter Wassersäule entsprechen einem Druck von 0,1 Bar. Und wie genau kommt man auf den Wert? Im Labor werden 10 Quadratzentimeter des Materials unter ein Messrohr gespannt. Pro Sekunde werden nun 10 Millimeter Wasser eingefüllt. Der Punkt, an dem es die Tropfen durch das Material schaffen, ist der angegebene Wert.

Wer nur eine warme Jacke für Wind und Wetter sucht und keine Extremexpedition plant, ist mit einer Wassersäule von 1.300 Millimeter bereits gut bedient – diese Jacken gelten nach EU-Norm als wasserdicht.

# REISENDE UNTERSTÜTZEN DIKTATOREN

Mal ganz weit weg fahren, eine ganz andere Welt erleben, mit dem Jeep durch die afrikanische Steppe holpern und den Wind in den Haaren spüren oder über den Mekong in den Sonnenuntergang gleiten, durch die Altstadt von Havanna spazieren und für einen Moment in fremde Lebenswelten eintauchen ... Es gibt so viele tolle, exotische Reiseziele. Leider sind ziemlich viele von ihnen politisch eher fragwürdig. »Mir doch egal«, könnte man denken, doch von der oft happigen Visa-Gebühr bis zu den Gewinnen aus touristischen Unternehmen fließt gerade in Diktaturen viel Geld aus dem Tourismus in die Staatskassen. Und auch für das internationale Ansehen ist es definitiv förderlich, zu den beliebten Reisezielen zu gehören. Die Diskussion ist so alt wie das Reisen selbst: Soll man diese Systeme unterstützen? Darf man also in Länder fahren, in denen Mädchen gerne mal mit 13 verheiratet werden? Oder politische Gegner für vermeintliche Verbrechen im Knast verschwinden? In denen es kein allgemeines Wahlrecht gibt? Bevor Sie zu einem empörten »natürlich nicht!« anheben, lassen Sie einfach mal Ihre Reiseziele der letzten 20 Jahre Revue passieren. Sollten in dieser Liste nur Schweden und die Niederlande auftauchen: Gratulation, Test bestanden. Allerdings haben Sie dann wirklich nicht viel von der Welt gesehen. Für alle anderen gilt: Die Gewissensfrage ist gar nicht so einfach zu beantworten, denn was ist eine Diktatur eigentlich? Was sind Menschenrechte? Wie weit bin ich bereit, von meiner persönlichen Definition abzuweichen? Nicht einmal die Hälfte aller Länder der Welt sind Demokratien. Und unter jenen, die sich dieses Etikett anhaften, sind einige, bei denen man nicht allzu genau hinschauen sollte, wenn man seine Illusionen behalten will. Nach dem »Freedom in the World Report 2021« der NGO Freedom House (https://freedomhouse.org/report/freedom-world/2021/democracy-under-siege) gehören rund rund 82 Länder zu den »freien« und 54 zu den »unfreien« Ländern. Alle anderen liegen irgendwo dazwischen. Was frei, teilweise frei und unfrei ist, haben die Macher nach genauen Kriterien festgelegt, aber natürlich könnte man auch diese diskutieren. Dazu kommt die Frage: Was gilt für Länder wie China, die in praktisch jeder westlichen Einteilung als »unfrei« gelten, deren Regierungen in der Bevölkerung aber weitaus größeren Rückhalt haben als ihre westlichen Pendants? Manch eine Einteilung mag den Reisenden auch überraschen: Thailand? In der Kategorie der unfreien – da muss man schon mal genau nachlesen. Und was ist mit den Demokratien, in denen viele Menschen ihre Rechte gar nicht wahrnehmen können, weil sie schlicht nicht lesen und schreiben können? Ganz ohne Nachdenken lässt sich auch solch eine Liste nicht konsumieren oder gar zur Reiseplanung nutzen.

Für das Reisen spricht definitiv: Wer da war, weiß mehr. Selber sehen ist besser, als sich auf die Erzählungen anderer zu verlassen. Berichte und Reportagen egal welcher Medien sind ganz automatisch politisch gefärbt, schließlich werden sie von Menschen geschrieben. Und vieles sieht vor Ort ganz anders aus als gedacht, vor allem wenn man die Sprachkenntnisse mitbringt, sich mit dem einen oder anderen Einheimischen zu unterhalten.

## Praxistipp

Für die »Wie kann man da nur hinfahren«-Diskussion gibt's nur eine Vorbereitung: informieren. Interessant sind nicht nur Bücher über das Reiseziel, sondern auch die lokalen Zeitungen. Ein oder zwei englischsprachige gibt es fast immer online.

# VOM REISEN KANN MAN NICHT LEBEN

Wenn Sie sich mal so richtig schlecht fühlen wollen, langweilig und spießig, dann gibt es einen todsicheren Weg: Einfach mal die Worte »vom Reisen leben« im Internet suchen. Das Ergebnis ist frustrierend. Reihenweise finden sich Websites von jungen, dynamischen und braungebrannten Menschen, die allesamt das tun, wovon wir insgeheim träumen: Sie jetten durch die Welt, besuchen die exotischsten Länder, sitzen grundsätzlich vor einer lauschigen Hütte, im Hintergrund Palmen und Strände und versichern glaubhaft, am Swimmingpool sitzend – die Füße im Wasser – auf dem Laptop herumzutippen und dabei auch noch genug Geld zu verdienen, um sich problemlos über Wasser zu halten.

»Digital Nomads« nennen sich die meisten: digitale Nomaden, die ihren Job via Laptop und Internet von überall aus erledigen können. Ein Begriff, der an sich schon irgendwie so schön kompetent klingt. Leider verraten die digitalen Nomaden nur sehr spärlich, wie das genau mit dem Geld funktioniert. Und vor allem: wie lange! Die meisten Exemplare dieser Spezies sind eher jung und damit noch weit entfernt davon, mit Schrecken ihre Rente durchzurechnen. Klar ist: Wer in Deutschland keinen Wohnsitz mehr hat, sein Geld sonst wo verdient, ist in Sachen Rente später nicht ganz vorne am Start, um es mal freundlich zu formulieren, solange er vor der großen Flucht nicht substanzielle Ansprüche erworben hat. Im Fall eines Unfalls übrigens auch.

Wer trotzdem den Schritt wagen will, braucht ein Online-Business. Zum Beispiel eine Tätigkeit als selbstständiger Übersetzer, Programmierer – oder einen gut besuchten Blog. Nun muss ich dazu sagen: Ja, es gibt einige Reiseblogger, die leben davon, dass sie schöne Orte ablichten und sich selbst manchmal auch noch dazu. Einige wenige, die wirklich viel Arbeit hineingesteckt haben und sicher auch ein bisschen Glück hatten. Über Werbeeinnahmen, zum Beispiel als Banner neben dem Blog, in viel geklickten YouTube-Videos oder über das sogenannte Affiliate-Marketing, also eine Verkaufsprovision zum Beispiel für den Rucksack, den man im

Blog heiß angepriesen hat. Manche leben lustigerweise auch davon, dass sie Anleitungen verkaufen, wie man als »Digital Nomad« Geld verdienen kann – da beißt sich die Katze in den Schwanz, oder? Allerdings sind auch sie bei näherem Hinsehen nicht immer zu beneiden, denn man muss schon einen ausgeprägten Hang zum Minimalismus haben, um so zu leben. Packlisten und andere persönliche Texte zeigen: Mit drei Hosen ist man im Nomadenleben schon gut ausgestattet. Auch eine Bibliothek legt man sich so nicht zu. Was viele nicht explizit sagen: Dank der Zeitverschiebung sind Auftraggeber oft nur zu den blödesten Zeiten erreichbar: Wenn Deutschland nach der Mittagspause wieder durchstartet, ist es an Asiens Stränden längst dunkel.

Ein Indiz für die Brotlosigkeit des ansonsten sicher wunderbaren Lebens sind übrigens die Einkünfte von gestandenen Reisejournalisten und Reiseautoren, die meist eher schlecht als recht davon leben können und insgeheim noch mit langweiligen, aber besser bezahlten Themen ihren Lebensunterhalt absichern. Und Reisejournalisten haben dabei noch einen großen Vorteil: Sie können, ja müssen hier und da auch von den kritischen Seiten berichten. Viele Reiseblogger tun sich da schon schwerer, denn auf ihren Hochglanz-Websites machen sich negative Erlebnisse weniger gut.

Bei genauerem Hinsehen stellt man fest: Viele »Digital Nomads« haben noch eine andere Qualifikation. Tauchlehrer, ein Handwerk, was auch immer. Also etwas, mit dem man im Zweifelsfall zumindest saisonal noch ein wenig dazuverdienen kann. Gelingt es, Auftraggeber in Deutschland zu finden beziehungsweise zu halten, während man im Ausland arbeitet, profitiert man von den billigen Lebenshaltungskosten in ärmeren Ländern. Bis zum Alter eben.

# NUR BUDDHISTEN REISEN MIT DER BAHN

**39**
**Verspätung**

Fast hätte ich dieses Kapitel ausgelassen, denn ganz ehrlich, Bahn-Bashing ist fast schon ein bisschen billig. JEDER weiß, dass die Deutsche Bahn grundsätzlich zu spät kommt und mit vielerlei Überraschungen aufwartet. Die »Wagenreihung in umgekehrter Reihenfolge« ist nur ein kleines Detail am Anfang der Reise, quasi eine Aufwärmübung. Übervolle Züge – ab wann signalisiert der Computer im Reisezentrum eigentlich »ausverkauft«? –, nicht genug Platz fürs Gepäck und die im Sommer überlastete Klimaanlage versüßen dann den Rest der Reise. Auf der Strecke Mannheim–Frankfurt Flughafen bleibt der Zug zu beliebten

Reisezeiten schon mal länger stehen, weil er wegen Überfüllung nicht weiterfahren kann. »30 Euro Prämie in bar für alle, die freiwillig aussteigen und einen späteren Zug nehmen«, bot die Bahn über den Zuglautsprecher bei einer meiner letzten Vor-Corona-Fahrten auf dieser Strecke in Mannheim – und selbst da dauerte es noch mehr als eine Viertelstunde, bis der ICE seine Reise fortsetzen konnte, denn logischerweise sind Reisende zum Flughafen nicht wirklich flexibel. Gut, wenn man dann mit einer buddhistischen Gelassenheit gesegnet ist – vor allem, wenn man die Fahrt im Stehen absolviert – und rechtzeitig losgefahren ist.

Doch warum ist das so? Nicht alle Gründe kann man der Bahn anlasten: Geklaute Kabel, (absichtlich) blockierte Schienen und Suizide sind schwer planbar und leider Realität in Deutschland. Außerdem nutzen ICEs und langsamere Züge oft dieselbe Strecke, sodass manch ein schneller Zug hinter einem verspäteten Güterzug herbummeln muss. Generell sind die Schienen gut genutzt, wenn auch nicht überall im Land: 80 Prozent des Bahnverkehrs werden auf 65 Prozent der Strecken abgewickelt. Ob man in Sachen Organisation und Effizienz trotzdem nicht doch noch einiges herausholen könnte? Garantiert. Spätestens bei der ersten Reise in Ostasien wird einem das geradezu schmerzhaft bewusst: Sekundengenaue Abfahrten – die japanischen Shinkansen-Züge haben im Durchschnitt eine Verspätung von 0,9 Minuten, im Jahr! –, saubere Züge und natürlich eine funktionierende Klimaanlage sind nicht nur in Japan, sondern auch in Korea, Taiwan und sogar China selbstverständlich, zumindest, wenn es um die Hochgeschwindigkeitszüge geht. Dort sind sie dann auch eine echte Alternative zum Inlandsflug, sogar über weite Entfernungen. Man muss dazu sagen: Viele dieser Strecken sind nicht nur neu, sie verlaufen meist auch auf eigenen Schienen, die nur von Hochgeschwindigkeitszügen genutzt werden und meist auch mit einem Zaun abgegrenzt sind. Ein Problem gibt es jedoch auch hier: Wer ein paar Mal erlebt hat, wie angenehm eine Zugfahrt sein kann, der leidet in Deutschland nach der Rückkehr gleich noch ein bisschen mehr, wenn schon bei der Abfahrt klar ist, dass die Umsteigeverbindung auch mit rekordverdächtigen Kurstreckensprints garantiert nicht zu schaffen ist.

## Aber

Landschaftlich sind Bahnfahrten oft die schönere Alternative, um von einem Ort zum nächsten zu reisen – oder gleich eine Attraktion für sich. Strecken wie von Colombo nach Kandy durch das Hochland von Sri Lanka oder die berühmten Anden-Strecken in Südamerika sind legendär, genauso wie die transsibirische Eisenbahn, viele Züge in den europäischen Alpen und die TranzAlpine Experience in Neuseeland. In Sachen $CO_2$-Ausstoß

ist die Bahn sowieso die bei weitem die umwelt-
freundlichste Alternative, wenn man nicht aufs
Rad steigen will.

# REISELEITER ACKERN SICH DUMM UND DUSSELIG

**40**
**Vollbespaßung**

Auf den ersten Blick scheint Reiseleiter eigentlich ein ganz angenehmer Job zu sein. »Da arbeiten, wo andere Urlaub machen«, lautet ein Slogan, mit dem Touristikunternehmen gerne für diesen Beruf werben. In der Tat, heute Quito, morgen auf die Galapagosinseln, übermorgen nach Mexiko, das hat was!

Inhaltlich muss der potenzielle Reiseleiter einiges mitbringen: gute Sprachkenntnisse des Reiseziels, vielleicht sogar ein Geschichts- oder kunsthistorisches Studium – und ein strapazierfähiges Nervenkostüm. Er ist Fachmann für die Destination, wissenschaftliche Begleitung und Übersetzer, aber auch Sorgentante und

Dompteur, der die schwierigen Gäste, die ihm das Leben in den Reisebus spült, so bändigt, dass sie es nicht einmal merken. Gruppendynamische Minenfelder wie den Kampf um die Plätze in der ersten Busreihe – Wer darf dort sitzen? Und wie lange? – entschärft er, im positiven Falle, bevor sie Brisanz entwickeln. Und er muss die oft sehr detaillierten Fragen der Teilnehmer – Wie heißt der Baum am Straßenrand? Was stand auf dem Schild, an dem wir gerade vorbeigefahren sind? Wieso steht das bei mir im Reiseführer anders? – beantworten, manchmal auch fünfmal, ohne mit den Augen zu rollen oder pampige Bemerkungen zu machen.

Klingt immer noch gut? Wir haben noch nicht über die Arbeitszeiten geredet: Ruhe ist im Tagesablauf eines Reiseleiters nicht vorgesehen. Auch am Abend ist immer noch jemand dabei, der ein Problem hat: Die gerade erst gekaufte SIM-Karte will im deutschen Handy nicht funktionieren oder erfordert eine komplizierte Einrichtung auf Chinesisch, ein Gast hat Zahnschmerzen, ein anderer ist mit dem Hotelzimmer nicht zufrieden, der Herr aus der letzten Reihe will alles noch mal ganz genau wissen, weil er unterwegs nicht auf alle Fragen eine Antwort bekommen hat ... Und dann gibt es noch die – besonders gefürchteten – Gäste, die den Tag in der Hotelbar »gemütlich ausklingen lassen möchten« – oder doch eher in einer einheimischem Izakaya/Cocktail-Bar/Underground-Disco oder was eben gerade das Reiseziel so hergibt. Und wehe der Reiseleiter lehnt ab, zum Beispiel aus dem trivialen Grund, dass auch er mal schlafen muss. Dergleichen Verweigerungen schlagen eine spürbare Schneise in die Trinkgelder am Ende der Reise. Das ist umso bedauerlicher, als dass man in diesem Job sowieso kaum reich wird: Tagessätze von rund 200–250 Euro (vor Steuer) bei 18-Stunden-Tagen würden keinen Handwerker zum Hammer greifen lassen. Natürlich gibt es auch hier Gehaltsunterschiede, je nach Veranstalter. Wenn dieser jedoch schon damit wirbt, dass man als Reiseleiter unterwegs immerhin »braun werden kann« und schließlich dank gestellter Hoodies und T-Shirts »Geld für die Kleidung spart« – beides echte Beispiele –, dann darf man sicher sein, dass hier keine Millionäre gemacht werden.

Noch ein bisschen günstiger ist es, den Reiseleiter nicht aus Deutschland mitzuschicken, sondern vor Ort einen lokalen Guide anzumieten. In Sachen Landeskenntnis kann das ein echtes Plus sein. Oder der totale Reinfall und alle Schattierungen dazwischen. In der Frage »Wie viel Englisch/Deutsch ist gut genug?« gibt es interessante Auslegungen, die von »vor 30 Jahren zwei Semester in der Schweiz studiert« – ein sehr anstrengender, echter Fall aus Japan – bis zu perfekten Sprachkenntnissen reichen. Auch die Frage, welche Fakten oder Hintergründe der lokalen Kultur nun mitteilenswert sind und wie ehrlich man die Fragen der Reisenden beantwortet, erlaubt viele Abstufungen. Bei der Auswahl des Reiseveranstalters achten viele Touristen auf die Größe oder Außendarstellung des Unternehmens, dabei steht und fällt die Reise mit der Qualität der lokalen Guides.

## Gut zu wissen

Am Ende einer langen Reise stellt sich die Frage: Wie viel Trinkgeld gibt man eigentlich dem Reiseleiter und Busfahrer? Die Antwort hängt vom Reiseland und der Reisedauer ab. Die Höhe der angemessenen Summe steht oft proportional umgekehrt zum Reichtum des Landes. Will hießen: Dort, wo die Menschen arm sind, ist man eher auf das Trinkgeld angewiesen und es darf ein wenig höher ausfallen.

Ganz allgemein gesprochen sind für den Guide, wenn man denn zufrieden war, zwischen zwei und fünf US-Dollar pro Tag angemessen, der Busfahrer bekommt meist etwas weniger, da er bei seiner Arbeit immerhin die Klappe halten darf. In jedem Fall, individuell oder gesammelt, übergibt man es am Besten in einem diskreten Umschlag. Etliche Veranstalter sind dazu übergegangen, ihre Reisen als »Trinkgeld inklusive« anzubieten, was aber nicht zwingend den Reiseleiter umfasst.

# RAUCHER HABEN ES SCHWER AUF REISEN

**41**
**Qualmfrei**

Erinnern Sie sich noch an die Zeiten, als man sich im hinteren Teil des Flugzeugs gemütlich eine anzünden konnte? Und noch eine und noch eine und noch eine? Bis in die 1990er war die Rauchersektion auf Langstreckenflügen eine ganz normale Sache und für manch einen Abgehärteten eine schöne Schlafgelegenheit, denn die Plätze ganz hinten waren – außer bei Rauchern – nicht so beliebt und damit auch immer ein wenig leerer. Nichtraucher können dieses Kapitel eigentlich überspringen: Ihnen macht es nichts aus, wenn sie nach der Sicherheitskontrolle merken, dass die einzige stinkige Raucherkabine VOR der

Kontrolle lag. Und so richtig Spaß macht es wohl auch nicht, hier noch mal am Nikotinspiegel zu arbeiten: Einige Minuten in den Kabinen reichen, um den Rest der Reise mit dem muffigen Hauch von »Eau de cigarette« am Leib zu verbringen, sehr zur Freude der Nebensitzer.

Bei allen olfaktorischen Nachteilen, die Raucherboxen erfreuen sich großer Beliebtheit. Egal um welche Uhrzeit man daran vorbeischlendert, es sind garantiert immer mindestens eine Handvoll Raucher drin zu finden, die die Panik vor dem drohenden Langstreckenflug mit der einen oder anderen Fluppe dämpfen.

Wenn es denn eine »Smokers Lounge« gibt. Immer öfter machen Flughäfen überall auf der Welt ihre Gebäude zur qualmfreien Zone, ohne dass es irgendeine Raucherecke gäbe. Und dies sogar in Ländern, die ansonsten dem Rauchen sehr zugetan sind. In Russland beispielsweise, wo zwei Drittel aller Männer und ein Viertel aller Frauen rauchen: Der Moskauer Scheremetjewo-Flughafen ist so einer. Immerhin kursieren im Netz die Koordinaten eines ominösen Nebenraums einer Business Class, in dem man wohl ein Auge zudrückt. Für den Holzklasse-Reisenden ein schwacher Trost, scheitert er doch schon am Eingang zur Lounge. Auch in Thailand sind seit 2019 alle internationalen Flughäfen komplett rauchfrei. Kurzum, für Raucher – und Nichtraucher, die mit Rauchern reisen, Stichwort

»Nikotinentzug macht übellaunig« – lohnt es sich unbedingt, vor der Reise zum Flughafen kurz online nachzuschauen, ob es eine Raucher Lounge gibt und, wenn ja, wo sie liegt. Achtung: Wer glaubt, er könne dem Nikotinentzug per E-Zigarette ein Schnippchen schlagen, täuscht sich nicht selten und dies manchmal auch kostenintensiv (siehe unten).

Der cleane Flughafen ist übrigens nur der Anfang: Rauchfreie Strände, Nichtraucher-Hotels und natürlich qualmfreie Restaurants machen es dem Raucher schwer. In vielen Ländern ist es zudem verpönt, auf der Straße zu rauchen. Mancherorts wurden in den letzten Jahren auch noch Non-Smoking-Streets ausgewiesen, in denen nur an designierten »Smoker Spots« noch gequalmt werden darf. Sogar in klassischen Raucherstädten wie Shanghai und Seoul ist dies der Fall!

## Harte Fakten

### Länder in denen E-Zigaretten illegal sind

- Hongkong
- Vereinigte Arabische Emirate
- Saudi-Arabien
- Surinam
- Brunei
- Jordanien
- Dubai
- Taiwan

In diesen Ländern sind Verkauf und Import verboten, ob die Nutzung illegal ist, bleibt unklar:

- Argentinien
- Brasilien
- Brunei
- Uruguay
- Thailand
- Oman
- Kambodscha
- Indonesien

## Gut zu wissen

### *So fragt man nach dem Raucherraum*

Englisch: Where is the smoking room?

Französisch: Où est le fumoir?

Niederländisch: Waar is de rookruimte?

Spanisch: ¿Donde está la sala de Fumadores?

Portugiesisch: Onde é a sala de fumantes?

Katalanisch: On és la sala de fumadors?

Russisch: где находится комната для курящих

Chinesisch: 吸烟室在哪里? Xīyān shì zài nǎlǐ?

Japanisch: 喫煙室はどこですか? Kitsuen-shitsu wa doko desu ka?

Koreanisch: 흡연실이 어디 있어요? Heubyeonsili eodi isseoyo?

Vietnamesisch: Phòng hút thuốc ở đâu?

Arabisch: أين غرفة التدخين؟ ʾayn ghurfat altadkhin

# WER ZAHLT, MUSS AUCH REISEN

42
Skiplagging

Die Welt der Airlines ist voller Mysterien. Eines davon ist: Es kann billiger sein, von Oslo via Frankfurt nach Seattle zu fliegen, als direkt von Frankfurt aus. Die Gründe dafür sind vielfältig: Gut möglich, dass Frankfurt–Seattle eine bei Business-Reisenden sehr beliebte Strecke ist, während die längere Variante ab Oslo eher von Touristen genutzt wird, von klassischen Sparbrötchen also. Klar, denn wer aus eigener Tasche zahlt, schaut genauer auf den Preis und nimmt dafür auch eine längere Flugzeit in Kauf. Und zeitlich ist man bei Urlaubsreisen ja auch großzügiger aufgestellt als bei dem Business Trip. Vielleicht ist es aber auch einfach so, dass eine andere Airline auf genau dieser Strecke unschlagbar günstige Preise bietet, da heißt es mithalten, auch wenn es eigentlich unlogisch ist, eine längere Strecke günstiger zu verkaufen. So ganz genau lässt sich die Preispolitik der Fluggesellschaften meist nicht nachvollziehen. »Egal, solange ich günstig fliegen kann«, wird sich ein namentlich nicht bekannter Lufthansa-Passagier – nennen wir ihn Passagier X – gedacht haben, der 2016 besagte Strecke flog. Dies allerdings nur auf dem Hinweg. Auf dem Rückflug stieg er bereits beim Zwischenstopp in Frankfurt aus und flog mit einem separaten Ticket nach Berlin. Warum bis nach Oslo fliegen, wenn die Heimreise aus Frankfurt doch viel kürzer ist?

Dieser geradezu logische Schritt brachte ihm eine Anzeige von Lufthansa und einen Platz im Rampenlicht beziehungsweise in den internationalen Schlagzeilen ein. Und das kam so: Wenige Tage später bekam Passagier X Post von der Fluggesellschaft, und zwar eine satte Rechnung über 2.112 Euro, also der Differenz zwischen dem regulären Frankfurt-Seattle-Ticket und der günstigen Oslo-Frankfurt-Seattle-Variante. Als Passagier X sich weigerte, zu zahlen, verklagte ihn Lufthansa, was international viel Beachtung fand – obwohl dies nicht das erste Mal war, dass in einer solchen Angelegenheit geklagt wurde. Bereits 2015 zog United Airlines gegen den Besitzer der Website https://skiplagged.com vor Gericht. Doch dazu später.

Rein rechtlich war die Sache unklar. In den Geschäfts-
bedingungen der Lufthansa steht zwar selbstverständlich, dass man ein Ticket komplett nutzen muss und
keine Segmente auslassen darf, anderenfalls wird das
gesamte Ticket ungültig. Wer also ein Ticket von Frankfurt nach Taipeh via Amsterdam bucht, kann nicht erst
in Amsterdam einsteigen, auch wenn dies aufgrund der
Wohnortnähe viel praktischer wäre. In diesem Fall ver-
fällt nicht nur der gesamte Hinflug, sondern auch der
Rückflug. Auf dem Rückflug freilich ist die Drohung
schon weniger furchterregend, was macht es schon,
wenn das Ticket für die letzte Teilstrecke, die man ja
dann sowieso nicht nutzt, hinfällig wird?

Diese Tatsache machen sich Schnäppchenjäger zu-
nutze und buchen gezielt Stopover-Strecken. Skiplagging nennt sich dieses Vorgehen. Unterstützt werden
die sparsamen Reisenden von Websites, die genau
solche Verbindungen heraussuchen – wie das oben
erwähnte Skiplagged. Gegen den Willen der Airlines
übrigens, die immer wieder versuchen, dagegen vor-
zugehen.

Bleibt die Frage: Warum stören sich die Airlines
eigentlich daran, wenn man nicht alle Segmente ab-
fliegt? Einer der Gründe ist, dass sie davon ausgehen,
dass die direkte Strecke hätte gewinnbringender verkauft werden können. Außerdem widerstrebt es den
Fluggesellschaften, einen Platz leer zu lassen. Dagegen
wiederum lässt sich leicht argumentieren: Da die meis-

ten Flugzeuge ohnehin überbucht sind, bleibt sowieso selten ein Platz leer, es rückt einfach ein überbuchter Passagier nach. Für die meisten Reisenden ist das Verhalten der Lufthansa (und der anderen Fluggesellschaften) völlig unverständlich: »Wenn ich im Restaurant ein volles Menü buche und den Nachtisch nicht esse, muss ich ihn dann noch mal extra à la carte bezahlen?«, lautet ein beliebter und sinniger Kommentar in diversen Foren. Vom Berliner Landgericht wurde die Klage übrigens auch erst einmal abgewiesen, doch so leicht wollte Lufthansa nicht aufgeben und ging in Berufung, zog diese im Oktober 2019 aber wieder zurück. So richtig marketingfreundlich war die Angelegenheit ja nicht. Wer es genau wissen will: Das Urteil gibt es unter https://www.franz.de/fileadmin/user_upload/urteil_ag_mitte_anonymisiert.pdf

Für alle, die nun mit dem Skiplagging liebäugeln, gibt es noch einen Wermutstropfen: das Gepäck. Gerade auf Fernreisen ist man selten nur mit Handtasche unterwegs, und wer seinen Koffer aufgibt, bekommt ihn meist erst am Endpunkt der Reise zurück. Da braucht es viel Überredungskraft, beim Check-in das Gepäck nur bis zum ersten Stopp einzuchecken. Eine gängige Ausrede ist: Ich muss zwischendrin unbedingt an mein Gepäck. Doch warum? Bei dieser Frage ist Fantasie angesagt, denn auch die Angestellten am Check-in-Schalter wissen von der Skiplagging-Problematik.

Skiplagging mag in den Augen der meisten Passagiere und Gesetzgeber wenig verwerflich sein, was jedoch wirklich Probleme für alle Passagiere bereitet, sind Schlaumeier, die beim Zwischenstopp aussteigen, obwohl ihr Gepäck bis zum Endpunkt der Reise durchgecheckt ist. Da Gepäck aus Sicherheitsgründen grundsätzlich nur mitfliegen darf, wenn auch der dazugehörige Passagier an Bord ist, sorgt es für unliebsame Verspätungen, wenn das Gepäck aus dem Wust an Koffern herausgesucht werden muss. Das ist ganz schlecht fürs Karma!

## Praxistipp

### *Günstig fliegen mit Error Fares*

Wie kommen eigentlich die Flugpreise ins Internet und in die Systeme der Reisebüros? Man ahnt es fast: Es sind natürlich Menschen, die sie irgendwie einspeisen. Hin und wieder passieren dabei Fehler: Zahlendreher, eine Null vergessen ... Das Ergebnis sind sogenannte Error Fares, die natürlich nur so lange buchbar sind, bis sich die Fluggesellschaft des Fehlers bewusst wird. Bis dahin sind sie ein begehrtes Fundstück unter Schnäppchenjägern. Websites wie www.travel-dealz.de haben sich der Suche nach solchen Tarifen und anderen Schnäppchen verschrieben.

# VERGESSEN SIE AUF REISEN DAS UPGRADE!

**43**
**Business Class**

Der erste Langstreckenflug in der Economy ist noch richtig spannend. Danach geht es mit jedem Flug ein bisschen mehr bergab. Zwölf Stunden in der Holzklasse, die Knie an den Ohren, mit steifen Beinen und mit ein wenig Pech auch noch einen Mittelplatz und einen Sitznachbarn mit schwacher Blase (»Sorry, dürfte ich noch mal kurz vorbei?«), das macht definitiv keinen Spaß, egal wie groß die Vorfreude auf die Reise ist. Kein Wunder, dass das Netz voller Artikel ist mit vielversprechenden Titeln wie »So klappt's mit dem Upgrade« oder »10 sichere Wege in die Business Class« und dergleichen.

Die üblichen Tipps sind:

- Kommen Sie gut gekleidet, denn in der Business Class achtet man auf das gepflegte Äußere.
- Fragen Sie die Stewardess nach freien Plätzen in der Business.
- Checken Sie spät ein, denn dann ist die Economy schon voll.
- Seien Sie nett zum Angestellten am Check-in-Schalter und erwähnen Sie, dass Sie auf Hochzeitreise sind oder einen kaputten Rücken haben oder am besten beides gleichzeitig.

Leider gibt es eine schlechte Nachricht: Alle diese Tipps sind für die Katz. Die Wahrheit ist: Man kann genauso gut im Jogginganzug fliegen. Es ist egal. Schlimmer noch: Wer im kleinen Schwarzen zum Flughafen fährt, muss am Ende den kompletten Flug in unbequemen Klamotten absolvieren.

In die Business Class führen genau zwei Wege: dafür bezahlen, sprich ein Business Ticket kaufen. Oder dank Vielfliegerprogramm ein Upgrade bekommen. Das funktioniert über die bisher erflogenen Punkte, die man eintauscht. Zudem sind Gold-Karten-Inhaber, Senators oder wie sie sonst noch heißen, also echte Vielflieger, auf der Upgrade-Liste immer ganz oben, wenn es wirklich darum geht, mit einem freundlichen Lächeln nach vorne geleitet zu werden.

In all den Flügen sind mir nur noch wenig weitere, lohnenswerte Methoden begegnet, aus der Holzklasse zu kommen: Bei einem Langstreckenflug von Sri Lanka nach Frankfurt griff eine anscheinend geistesgestörte Passagierin überraschend ihren Freund an und zerkratzte ihm das Gesicht. Um die beiden auseinanderzubringen, wurde der erschrockene Opfer in der Premium Eco untergebracht. Viel Freude hatte er daran allerdings nicht. Ein anderes Mal schoss sich eine Frau mit der sicheren Kombi aus Beruhigungsmitteln und einem gemütlichen Gläschen Rotwein ab. Auch sie durfte nach dem Kollaps auf dem Gang (und der erleichternden Nachricht, dass sie sehr wohl noch am Leben war) samt dem Arzt, der sich um sie kümmerte, ebenfalls in die Business wechseln. Ob man allerdings so viel Einsatz bringen will?

Die Upgrade-Mythen stammen übrigens alle noch aus einer Zeit, in der man mal schnell im Cockpit vorbeischauen konnte, im hinteren Teil des Flugzeugs kräftig qualmte und die Stewardessen in der Tat noch nach persönlichem Ermessen den einen oder anderen Platz in der Business füllen durften.

## Aber

So bedauerlich es ist, dass die Upgrade-Zeiten vorbei sind, so erfreulich günstig sind Business-Class-Flüge hier und da. Natürlich nicht immer und auch nicht auf allen Strecken. Es lohnt sich aber, vor der Buchung einen Blick auf die Seiten der Airline zu werfen, ob es gerade ein gutes Angebot gibt. Immer mehr Airlines versteigern zudem ihre leeren Businesssitze: Man gibt einige Tage vor dem Abflug (max. 72 Stunden vorher, der Zeitraum variiert) ein, wie viel einem das Upgrade wert wäre, natürlich ohne zu wissen, was die anderen so bieten. Mit ein wenig Glück klappt's doch noch. Auch über die App Seatboost (Android, iOS) kann man versuchen, ein Upgrade zu erhaschen (https://seatboost.com).

Generell mutmaßen Luftfahrtexperten – so ganz genau wissen sie es nämlich auch nicht –, dass man mindestens 20 Prozent des Differenzbetrags des bereits bezahlten Tickets zum regulären Business-Ticket bieten sollte. Mitglieder des eigenen Meilenprogramms, vor allem mit höherem Status, werden dabei meist bevorzugt.

## Harte Fakten

Diese Airlines versteigern Upgrades und teils auch benachbarte leere Sitze:

- Aerolíneas Argentinas
- Aer Lingus
- AeroMexico
- Airberlin
- Aircalin
- Air Astana
- Air China

- Air Mauritius
- Air New Zealand
- Air Niugini
- Air Seychelles
- Austrian Air
- Avianca
- Brussels Airlines
- Cathay Pacific:
- COPA Airlines
- Czech Airlines
- El Al
- Ethiopian Airlines
- Etihad Airways
- Fiji Airways
- Garuda Indonesia
- Gulf Air
- Hawaiian Airlines
- Icelandair
- LATAM Airlines
- LOT Polish Airlines
- Malaysia Airlines
- Norwegian
- Philippine Airlines
- Qantas
- Royal Brunei Airlines
- Royal Jordanian Airlines

- SAS
- South African Airways
- Sri Lankan Airlines
- Swiss Air
- TAP Portugal
- Virgin Atlantic
- Virgin Australia

# AUF REISEN MUSS JEDER MAL

**44**
**Toiletten**

Es mag viele Überraschungen und Unsicherheiten auf Reisen geben, eines ist jedoch sicher: Mehrmals am Tag muss der Mensch auf die Toilette gehen. Zu Hause ist das unproblematisch. Auf Reisen freilich bekommt dieser Aspekt des menschlichen Lebens eine neue Dimension. Und die hat das Zeug dazu, jede Reise zu vermiesen. Indien, Kenia, Nepal und Togo – und viele weitere Länder – haben in dieser Hinsicht eines gemeinsam: Wer einmal war, möchte nie wieder. Ein verkotetes Loch im Boden, die Wände so eng und dreckig, dass man T-Shirt und Hose nach diesem Erlebnis wahrscheinlich verbrennen muss, dazu olfaktorische Erfahrungen, die jeder Beschreibung spotten – kein Wunder, dass Reiseverstopfung mindestens ein genauso großes Problem ist wie der klassische Durchfall. Das Problem ist: Meist erfährt man von diesen Problemen erst vor Ort, denn Toiletten sind definitiv kein Gesprächsthema beim lauschigen Abendessen unter Freunden und finden auch nur schwer den Weg auf Instagram.

Schon beim Umgang mit der Ausstattung beginnt das Problem: In den meisten Ländern gibt es natürlich keine westliche Sitztoilette, wie wir sie kennen (obwohl auch die ihre Tücken hat, Stichwort freischwebende Hocke), sondern Modelle, die dem Neuling allerhand abverlangen. Die Hocktoilette, eine in den Boden eingelassene Sanitärschüssel mit einem Loch, ist das gängigste Modell. Sie mag der menschlichen Verdauung besonders entgegenkommen – beteuern zumindest Mediziner –, wir tun uns trotzdem schwer damit. Nicht zuletzt, weil man hier oft nicht nur den Darminhalt verliert, sondern auch den Inhalt der Hosentaschen. Und die Würde, denn es ist gar nicht so einfach, aus der Hocke wieder aufzustehen, vor allem, wenn man die verseuchten Wände des Toilettenverschlags keinesfalls berühren möchte. Dazu kommen Fragen, die man sich noch nie im Leben gestellt hat: Wozu dient der Eimer in der Ecke? MUSS das Klopapier da hinein? Oder kann man es doch mit hinunterspülen? Und falls nicht – wieso nicht? Wer bitte hat allen Ernstes Toiletten konstruiert, die nicht mal ein bisschen Papier bewältigen? Und wozu dient die Wassertonne mit Schöpfkelle? Ist das Wasser eigentlich sauber?

Auch Toilettenpapier ist dabei nicht überall gegeben. In vielen Ländern gilt die Regel: Mit rechts wird gegessen und mit links wird gewischt. Und weil gerade in diesen Ländern gerne mal die Gelegenheiten zum Händewaschen inklusive Seife fehlen (gerade mal 60 Prozent aller Menschen weltweit haben laut UNICEF Zugang zu einer anständigen Handwaschgelegenheit), möchte man wirklich irgendwann niemandem mehr die Linke zum Gruße reichen. All dies ist übrigens noch die bessere Variante. Mindestens 700 Millionen Menschen weltweit haben überhaupt keinen Zugang zu Toiletten – das ist die konservative Schätzung, teils ist von mehr als zwei Milliarden Menschen die Rede, je nachdem, wie man eine Toilette definiert. Zu Deutsch: Sie scheißen irgendwo in die Landschaft. In wissenschaftlichen Publikationen wird das als »open defecation« bezeichnet. Und falls Sie in einer dieser Regionen unterwegs sind, haben Sie ein Problem. In Indien beispielsweise gibt es vielerorts überhaupt keine Toiletten jenseits der Hotels. KEINE! Oder es gibt sie und sie sind nicht benutzbar, weil sich niemand darum kümmert. Nicht umsonst gehört ein Reisedurchfall quasi als Initiationsritus zu jeder Indienreise dazu, egal auf welchem Luxusniveau man unterwegs ist. Es ist nämlich so: Es gibt wohl kein Land der Welt, in dem man morgens so viele nackte Hintern sieht. Vor allem entlang der Bahngleise, auf morgendlichen Zugfahrten erfährt man daher mehr über menschliche Verdauung, als man je wissen wollte. Die eigene inklusive. Wo die Fliegen, die ums Essen schwirren, vorher gesessen haben, das kann man sich mit ein bisschen Fantasie denken. In einigen afrikanischen Ländern hat man sich für das Toilettenproblem eine kreative Lösung ausgedacht: Falls Sie am Straßenrand eine kleine, gefüllte Plastiktüte finden, dann ist das mit großer Wahrscheinlichkeit eine sogenannte »Flying Toilet«. Was wohl Greta dazu sagt?

## Harte Fakten

### Länder ohne anständige Toiletten

| Land | Prozent der Bevölkerung ohne Toilette (Stand 2017) |
| --- | --- |
| Äthiopien | 22 |
| Nepal | 21 |
| Kambodscha | 32 |
| Pakistan | 10 |
| Angola | 20 |
| Indien | 26 |
| Indonesien | 10 |
| Bolivien | 28 |
| Peru | 28 |
| Benin | 54 |
| Kapverden | 20 |

| | |
|---|---|
| Chad | 67 |
| Elfenbeinküste | 26 |
| Eritrea | 67 |
| Ghana | 18 |
| Laos | 21 |
| Madagaskar | 45 |
| Senegal | 14 |
| Namibia | 49 |

# DRECKIG REISEN PER KREUZFAHRTSCHIFF

Von einer tollen Stadt zur nächsten schippern ohne ständig die Koffer zu packen und das Hotelzimmer zu wechseln, zwischendrin am Pool abgammeln, Cocktails schlürfen und jeden Abend die Aussicht auf ein leckeres Buffet: Es gibt so viele gute Gründe, eine Kreuzfahrt zu machen. Zumindest versichern dies all jene, die sich regelmäßig für Schiffsreisen entscheiden. Und das sind nicht wenige: In den letzten 20 Jahren hat sich die Zahl der deutschen Kreuzfahrtpassagiere verzehnfacht, immer öfter schiffen auch junge Reisende ein. Zugegeben, die Corona-Pandemie hat der Branche einen herben Schlag versetzt, denn gerade Kreuzfahrtschiffe waren anfangs betroffen. Aber wetten, sobald Corona keine Rolle mehr spielt, setzt der Trend wieder ein? Von Covid-19 einmal abgesehen gibt es eine ganze Reihe weiterer Gründe, die für eine kritische Haltung sprechen. Umweltschützer schlagen in Anbetracht des weltweiten Trends zur Kreuzfahrt sowieso die Hände über dem Kopf zusammen: Wollte man die umwelt- schädlichste Art des Reisens ausloben, die Kreuzfahrt wäre ein Kandidat für den ersten Platz. Doch warum?

Zum einen sind es die Emissionen der Schiffe. Sie werden in der Regel mit Schweröl betrieben – wie übri- gens nahezu alle Schiffe, die auf den Ozeanen unterwegs sind –, einem Rückstandsöl, das in den industriellen Raffinerien bei der Herstellung von Benzin und Diesel übrigbleibt. Es enthält circa 3.500-mal mehr Schwefel als herkömmlicher Kraftstoff. Zudem ist der $CO_2$-Aus- stoß wortwörtlich atemberaubend hoch: Nach Angaben des Nabu stößt ein einziges Kreuzfahrtschiff so viel $CO_2$ aus wie 84.000 Pkws. Wenn es um die Stickoxide geht, entspricht ein Schiff 421.000 Autos, beim Feinstaub- ausstoß sogar einer Million Autos und beim Schwefel- dioxid, dank besagtem Schweröl, schwindelerregenden 376 Millionen Autos. Oder um es mit einem Vergleich der Stiftung Warentest und Atmosfair zu sagen: Wer eine Woche auf dem Kreuzfahrtschiff entspannt, ver- braucht durchschnittlich 1.500 Kilogramm Kohlendi- oxid. Da macht es nur noch wenig Unterschied, ob man an Bord auf Plastikhalme verzichtet oder nicht. Das

»klimaverträgliche Jahresbudget« pro Kopf liegt laut Weltklimarat übrigens bei 2.300 Kilogramm $CO_2$-Ausstoß. Bei zwei Wochen Kreuzfahrt dürfte man dann den Rest des Jahres wirklich nur noch atmen (auch dabei fallen zwischen 170 kg bis 2.000 kg an, je nach Größe, Gewicht und sportlicher Tätigkeit).

Logisch, dass die Hafenanwohner ebenfalls über schlechte Luft klagen, wenn Kreuzfahrtschiffe anlegen. Messungen des Naturschutzbunds Deutschland (NABU) und Friends of the Earth (FoEI) an diversen städtischen Kreuzfahrtterminals ergaben 2014 Feinstaubelastungen, die um das 60-fache über den Durchschnittswerten in der jeweiligen Stadt lagen. Kritiker werfen ein, die Messungen seien nicht immer korrekt durchgeführt worden. Aber 60-fach? Selbst wenn es nur die Hälfte wäre, das sind enorme Werte. Alternativen gibt es dafür natürlich schon: Anstelle von Schweröl kommt in wenigen Fällen Flüssiggas (LNG) zum Einsatz, was die Emissionen erheblich reduzieren kann. Schwefeloxid lässt sich so fast auf null senken, die Stickoxide gehen im Vergleich zum Schweröl um 80 Prozent zurück, in Sachen $CO_2$ sind immerhin Einsparungen von bis zu 30 Prozent drin. Schiffe, die derzeit schon mit LNG fahren sind beispielsweise die AIDAnova und die Arktisschiffe von Hurtigruten und Ponant. Wobei man nicht vergessen sollte, dass LNG ein fossiler Kraftstoff ist, der teils durch das umstrittenes Fracking gewonnen wird. In der Arktis kommt daher zeitweise auch der Elektro-Hybrid-Modus zum Einsatz, der sogar völlig emmissionsfrei ist. Dass sich diese Alternative erst einmal nur für kleinere Kreuzfahrtschiffe eignet, versteht sich von selbst, denn die schwimmenden Kreuzfahrt-Mega-Städte per Batterie zu bewegen, da wird die Forschung noch ein wenig an der Batterieeffizienz und -größe arbeiten müssen.

Eine realistischere Alternative zum bösen Schweröl ist das Marinediesel. Es ist weitaus schwefelärmer, es werden weniger Rußpartikel und Stickoxide in die Luft gepustet, aber in Sachen $CO_2$ steht es auch nicht viel besser da. Ach ja: Weitaus teurer ist diese Alternative natürlich auch. Trotzdem können – und müssen – die meisten Kreuzfahrtschiffe auf Marinediesel umschalten, denn in vielen Regionen, zum Beispiel für die Küsten der Nord- und Ostsee und der USA gilt bereits ein Grenzwert von 0,1 Prozent für Schwefel in Schiffskraftstoffen, der per Schweröl nicht zu halten ist. Für den Rest der Welt hat die Internationale Seeschifffahrtsorganisation (IMO) ab 2020 den Grenzwert von 3,5 auf 0,5 Prozent gesenkt. Generell muss man der Branche zugutehalten, dass sie den Handlungsbedarf erkannt hat: Nahezu alle Betreiber haben für die nächsten Jahre Schiffe mit LNG-Antrieb bestellt, fast die Hälfte der Neubauten wird mit Flüssiggas betrieben – was nicht heißt, dass die alten Dreckschleudern sofort ausgemustert werden – und auch sonst versucht man, durch bessere Effizienz beispielsweise der Klimaanlagen und Nutzung der Maschinenabwärme Energie zu sparen. Im Hafen sollen Landstromanlagen dafür sorgen, dass umweltfreundlich gewonnene Energie zum Einsatz kommt. Umweltoffiziere sorgen vielerorts an Bord dafür, dass keine Abfälle oder gar Altöl ins Meer »entsorgt« und die Bestimmungen eingehalten werden.

Veränderungen in der Kreuzfahrtschifffahrt könnten letztlich auch richtungsweisend sein für die rund 65.000 Handelsschiffe, die derzeit über die Meere schippern und damit den erheblich größeren Anteil an der Luftverschmutzung ausmachen – insgesamt rund zwei Prozent aller $CO_2$-Emissionen. Auch hier gibt es erste Schritte in die richtige Richtung, beispielsweise durch einen fünf Milliarden US-Dollar schweren Forschungsfonds, durch den im Auftrag des internationalen Schifffahrtsverband ICS und diversen Reedereien Möglichkeiten des emissionsfreien Antriebs erforscht werden. Infrage kommen beispielsweise Wasserstoff, synthetische Brennstoffe und Batterien, um nur einige zu nennen.

### Praxistipp

Diese Fragen sollten Sie vor der Buchung stellen:

- Mit welchem Kraftstoff wird das Kreuzfahrtschiff betrieben?
- Werden während der Liegezeiten im Hafen alternative Energiequellen genutzt?

- Wie steht es um die Abgasreinigung? Gibt es Stickoxid-Katalysatoren? Partikelfilter?
- Welche Anstrengungen werden sonst noch unternommen, um die Kreuzfahrt möglichst umweltfreundlich zu gestalten?

## Harte Fakten

Zahl der Kreuzfahrtpassagiere weltweit (2018): 28,5 Mio.

Zahl der Deutschen (2018): 2,23 Mio.

Größte Wachstumsmärkte: USA, China, Deutschland

Zahl der Hochsee-Kreuzfahrtschiffe: ca. 300

Umsatz in der Hochseekreuzfahrtbranche: 3,4 Milliarden Euro

Größtes Kreuzfahrtschiff der Welt (2019): *Harmony of the Seas* und *Symphony of the Seas* der Royal Caribbean International für jeweils bis zu 6.800 Passagiere

# BILLIG REISEN KANN TEUER WERDEN

Mal schnell für 15 Euro nach Dublin oder neun Euro nach Palma de Mallorca fliegen? Übers Wochenende für einen Appel und Ei die Welt entdecken? Für den Flug weniger zahlen als für das Taxi zum Flughafen? Das klingt verführerisch – und ist dank der sogenannten »Low Cost Carrier (LCC)« (Billigairlines) auch durchaus möglich, sofern nicht gerade eine Pandemie der Reiselust einen Dämpfer verpasst. Seit dem Start des ersten Billiganbieters Ryanair 1991 hat sich die Zahl der Flüge und Angebote geradezu exponentiell vervielfältigt: Mittlerweile machen Billigflüge rund 31 Prozent des Markts aus. Bis März 2020 bedienten sie 940 Routen ab Deutschland, darunter auch einige Langstreckenflüge. Die eine oder andere Billig-Airline mag langfristig Corona zum Opfer fallen.

Freilich warten auf den Reisenden hier und da Überraschungen. Bei der Buchung ist alles noch ganz einfach: Ziel und Zeitraum aussuchen, den passenden Flug wählen, ein paar Mal auf »weiter« klicken und schon ist das Ticket fertig. Allerdings das »nackte Ticket« ohne jegliche Zusatzkosten. Und davon gibt es potenziell genug: fürs Gepäck zum Beispiel. Oft ist lediglich ein Handgepäcksstück mit sehr knappen Maßen inkludiert, schon für den Kabinenkoffer fallen Extrakosten an. Das klassische eingecheckte Koffergepäck muss ebenfalls dazugebucht werden, genauso wie oft auch der reservierte Sitzplatz. Hat sich bei der Buchung ein Tippfehler eingeschlichen, fallen für Namensänderungen bis zu 160 Euro an. Eventuelle Rücktrittskostenversicherungen kommen obenauf – wobei man auf diese oft noch verzichten könnte, denn der Grundpreis bewegt sich ja auf Taschengeldhöhe. Bucht man eine Billigairline im Ausland, heißt es, auf den Umtauschkurs zu achten, denn die automatische Umrechnung in die Heimatwährung ist unter Umständen für den Reisenden sehr viel ungünstiger als der Bankenkurs.

Am Flughafen geht es lustig weiter mit den Zusatzgebühren: vergessen, online einzuchecken? 55 Euro extra. Keine ausgedruckte Bordkarte dabei? 20 Euro extra bei Ryanair, bei anderen Fluggesellschaften wiederum gibt es Strafen, wenn man die Bordkarte selbst ausdruckt. Kurzum: Es lohnt sich also, alle Bestimmungen und Angaben genau zu lesen. Als kleine Belohnung findet man dann auch Methoden, die Add-ons günstiger zu buchen. Zum Beispiel mit einem Priority-Boarding, also der Möglichkeit, als einer der Ersten einzusteigen und den Sitzplatz zu wählen. Darin ist oftmals auch kostenloses Kabinengepäck enthalten.

Ist der Flieger erst in der Luft, stehen weitere Kosten an, denn natürlich sind auch Getränke und Speisen teuer zu bezahlen, sofern man nicht selbst vorgesorgt hat. Mit einrechnen muss man auch die Anfahrt zum Flughafen, denn der liegt oft weit weg von der Destination, die er angeblich bedient. Paris-Beauvais hat mit dem 80 Kilometer entfernten Paris nicht mehr viel zu tun und auch von Frankfurt am Main nach Frankfurt-Hahn sind es rund 85 Kilometer gen Norden. Das macht die Anreise mit den Öffentlichen schwierig, zumal Billigflieger oft zu gottlosen Zeiten abheben. Also braucht man ein Auto, das dann natürlich im – kostenpflichtigen – Parkhaus steht.

Ob die Tickets der »Low Cost Carrier« wirklich günstig sind, hängt also von vielen Faktoren ab. Logisch, denn auch sie müssen am Ende auf ihre Kosten kommen, ohne an der Technik oder Wartung zu sparen. Neben den vielen Zusatzkosten spielen auch andere Elemente eine Rolle: Budget Airlines nutzen meist ein einziges Flugzeugmodell. Das reduziert den Preis beim

Einkauf und vereinfacht das Training von Piloten und Personal. Die einfache Kabinenausstattung ist robust und schnell zu reinigen. Dies geht natürlich auf Kosten der Bequemlichkeit: Wer bei Ryanair den kleinen Hebel sucht, um die Rückenlehne zurückzuklappen, der fummelt vergeblich am Sitz herum. Das Personal wiederum ist in Sachen Multitasking gefragt: Oft sind es dieselben Angestellten, die erst am Schalter das Check-in bewältigen, auf dem Flug bedienen und verkaufen und eventuell auch den Flieger reinigen.

## Aber

Wer bei der Buchung aufpasst und sich auf kleines Gepäck beschränken kann, findet bei den Billigairlines trotzdem eine Möglichkeit, auch mit kleinem Budget weite Reisen zu unternehmen.

# REISEN MACHEN DIE BERGE KAPUTT

Bis ganz nach oben fahren, über die Berggipfel blicken und natürlich per Ski oder Snowboard mit berauschender Geschwindigkeit wieder nach unten rasen – so fühlt sich Freiheit an. Wer sich für den Wintersport nicht erwärmen kann, der entdeckt die Landschaft der Alpen im Sommer per Pedes. Rauf muss man dazu natürlich auch, da sind die Seilbahnen und Skilifte allemal praktisch. Rund 120 Millionen Menschen pilgern jedes Jahr in die Alpen. Dazu braucht es Straßen und andere Verkehrswege, Hotels und natürlich Restaurants, Elektrizität und Wasser und viele andere Amüsiermöglichkeiten.

Für die Natur der Alpen ist der Touristenboom keine besonders gute Nachricht: Damit im Winter auch garantiert immer genug Schnee auf den Pisten liegt, wird vielerorts per Schneekanonen künstlich beschneit. Manchmal ist dies sogar bei ausreichend Schneefall nötig, denn mit jeder Abfahrt nimmt der Skifahrer auch ein wenig Schnee mit ins Tal. 41 Prozent der Pistenflächen der Schweiz (9.200 ha) sind beschneibar, in Österreich sind es sogar 70 Prozent (17.780 ha), genauso wie in Italien (15.750 ha). Allein in Österreich sollen daher rund 30.000 Schneekanonen im Einsatz sein, unter hohem Wasser- und Energieverbrauch: Rund 4,7 Millionen Liter Wasser braucht man pro Hektar Kunstschnee in einem Winter. Damit überhaupt so viel Wasser zur Verfügung steht, müssen in der Landschaft Wasserspeicher angelegt werden – logisch, dass diese Wassermassen an anderer Stelle fehlen. Viele Alpenflüsse führen heute erheblich weniger Wasser als vor der Einführung der Schneekanonen in den 1980ern. Der damit erzeugte Kunstschnee ist übrigens ebenfalls problematisch, denn er ist dichter als die natürliche Variante, sodass die Vegetation unter der Schneedecke paradoxerweise unter Wassermangel leidet. Nicht zuletzt sind die Schneekanonen auch laut und verstören die Tierwelt. Die Folgen für die Vegetation sind auch für Laien sichtbar: Dort, wo im Winter die Skifahrer über die Pisten flitzen, bleibt im Sommer oft nur noch kahler Boden. Sogar die Lawinengefahr wird dadurch größer, denn wo die Wälder zugunsten von Skipisten und Infrastruktur gerodet wurden, gehen die Schneemassen leichter ab. All dies gilt übrigens nicht nur für die Alpen, sondern beispielsweise auch für die Skigebiete der USA, der Anden und der Wintersport-Newcomer wie China und Korea.

Dann lieber im Sommer zum Wandern in die Berge? Eigentlich wäre das die umweltschonendere Art, die Alpen zu erleben, würden die meisten Besucher nicht mit dem Auto anreisen. Rund drei Viertel der von Besuchern verursachten $CO_2$-Belastung entsteht durch die Anfahrt, von anderen Schadstoffen gar nicht zu reden.

### Aber

Der Wintersport bringt viel Geld in die Berge, auch in die Regionen, in denen es schwer ist, nur mit der Landwirtschaft über die Runden zu kommen. Es ist gar nicht so lange her, da schickten die Tiroler, Vorarlberger und auch Schweizer Bauern aus abgelegenen Tälern ihre Kinder als »Schwabenkinder« im Sommer über die Berge nach Oberschwaben, wo sie sich gegen Kost, Logis und Kleidung als Handlanger verdingten – und das teils bis in die 1950er!

Nun könnte man einwenden: Wozu braucht es Bauern in den Alpen? Wer die Berge so erhalten will, wie wir sie kennen, braucht die Landwirtschaft, denn die Alpen sind eine Kulturlandschaft, die ohne Bauern verwildern würde. Im Naturzustand wären sie bis auf 2.000 Meter Höhe ein dunkles Waldgebirge, denn die Almwiesen und grünen Weiden sind menschengemacht.

Winterurlaub gibt es auch in Öko – zum Beispiel in den »Alpine Pearls« (www.alpine-pearls.com). Hinter diesem Namen verbirgt sich der Zusammenschluss von 21 Wintersportorten, die sich zu umweltfreundlichem Wintertourismus verpflichtet haben. Sie zeichnen sich durch eine gute Anbindung an den öffentlichen Verkehr aus und sind ohne Auto gut zu erreichen, nutzen regenerative Energien und begrenzen die Zahl der Skifahrer am Berg. Auch in den österreichischen Bergsteigerdörfern (www.bergsteigerdoerfer.org) geht es darum, die Alpen naturverträglich zu erleben.

Pudrigen, echten Schnee in rauen Mengen (den »Japow«) und ganz ohne Schneekanonen gibt es übrigens auch zuverlässig auf der japanischen Nordinsel Hokkaido, die als Geheimtipp für Wintersportler gilt.

# AUF REISEN LAUERN SCHRÄGE GESETZE

Sich unterwegs im Ausland an die lokalen Gesetze halten, das ist für die meisten Reisenden selbstverständlich – wer will schon in der Ferne auf der Polizeistation oder gar im Gefängnis landen? Manchmal ist das jedoch gar nicht so einfach, denn hier und da gibt es Gesetze, auf die man mit reinem Menschenverstand nicht kommt. Wer ahnt schon, dass im Urlaubsparadies der Malediven das Tragen eines Bikinis illegal ist? Dies gilt zwar nicht für die Resort-Inseln und einige wenige ausgewiesene Bikini-Beaches, doch könnte man schon auf den Gedanken kommen, an einem der vielen anderen Traumstrände auf den lokalen Inseln schnell mal ins Wasser zu hüpfen – seit mehr als zehn Jahren darf man sie ja immerhin besuchen. Auch in Sachen Alkohol gelten höchst unterschiedliche Regeln: Auf den Ferieninseln und manchmal sogar auf Booten, die vor den bewohnten Inseln ankern, darf man sich die Kante geben, keinesfalls aber auf den lokalen Inseln selbst. Und falls Sie – Männer aufgepasst! – bei dieser Gelegenheit auch noch eine nette Maledivin kennenlernen, die so verwegen ist, das Treffen in einen One-Night-Stand umzuwandeln (zugegeben, das ist unwahrscheinlich), dann könnte nach maledivischen Gesetzen noch eine echte interkulturelle Erfahrung auf Sie zukommen: das öffentliche Auspeitschen. Und das nicht nur theoretisch. Diese Strafe wird regelmäßig in der Hauptstadt Male öffentlich vollstreckt – rund hundert Mal im Jahr, meist allerdings nur bei Frauen. Außerehelicher Sex ist nämlich verboten und wird nach Scharia bestraft. Zeitweise waren daher sogar Massageanwendungen in den Resorts verboten, nicht dass am Ende mal einer auf unanständige Gedanken kommt. Dies allerdings erwies sich als Schuss ins eigene Knie, denn ohne Tourismus dürfte auf den Malediven die Wirtschaft ruckzuck zusammenbrechen. Mit der Wahl des moderaten Politikers Ibrahim Mohamed Solih 2018 zum Präsidenten gibt es immerhin Hoffnung auf Besserung: Er will die Scharia abschaffen. Ob ihm das gegen den Widerstand der Hardliner gelingen wird, ist allerdings unsicher.

Um sich ungewollt daneben zu benehmen, kann man aber auch ganz unschuldig in Thailand einen davonflatternden Geldschein mit dem Fuß aufhalten. Großer Fehler! Dort ist der König abgebildet, ihn mit Füßen zu treten gilt als Majestätsbeleidigung – und die wird mit bis zu 15 Jahren Gefängnis bestraft. Auch die Einfuhr der unautorisierten – weil für ihn blamablen – Biografie des Königs kann unangenehme Folgen haben, genauso wie die Ausfuhr von Buddha-Statuen.

Gut, dass nicht alle unerwarteten Gesetze im Ausland gleich so schwere Folgen haben: Trotzdem möchte man in Florenz nicht zwischen 12 und 15 oder 18 und 21 Uhr mit einer Pizzascheibe in der Hand durch die Straßen der Altstadt spazieren, denn seit 2018 stehen darauf bis zu 500 Euro Strafe. In vielen belgischen Städten wiederum versucht man, die Autos aus den Innenstädten zu verbannen. Wer in Antwerpen, Mechelen, Gent oder Brüssel – und vielen weiteren Städten – in die City fahren will, muss sein Auto online für die »Umweltzone« registrieren lassen. Was die meisten Touristen sicher täten, wenn sie es wüssten. Die Chance, erwischt zu werden und bis zu 350 Euro Strafe zu zahlen, ist gar nicht so gering, denn die einfahrenden Autos werden per Kamera überprüft.

Manche originellen Gesetze wiederum erscheinen erst sinnvoll, wenn man die lokalen Umstände erlebt hat. Zum Beispiel das Verbot, Durian-Früchte mit den öffentlichen Verkehrsmitteln Singapurs zu transportieren.

Die »Stinkfrüchte« entwickeln in der Tat einen ordentlichen Mief im subtropischen Wetter. Warum auf Sylt keine Sandburgen mehr gebaut werden dürfen, erschließt sich mir dagegen nicht wirklich, zeigt aber, dass es auch in der Heimat Unverständliches gibt.

Der Meister des Verbietens ist allerding der König von Bhutan. Um »sein Volk zu schützen«, erlaubte er ihm beispielsweise erst 1999 Fernsehen und Internet. Seit 2004 ist das Rauchen in der Öffentlichkeit verboten. Wobei die Versuchung eher gering ist, denn auch der Verkauf von Tabak ist nicht erlaubt.

## Gut zu wissen

Für Homosexuelle kann die Hochzeitsreise ins Ausland gefährlich werden. In 72 Staaten sind gleichgeschlechtliche Handlungen verboten (die genauen Definitionen und drohenden Strafen hat die International Lesbian, Gay, Bisexual, Trans and Intersex Association ILGA unter https://ilga.org/downloads/ILGA_World_State_Sponsored_Homophobia_report_global_legislation_overview_update_December_2020.pdf zusammengetragen), in Pakistan, Afghanistan, Sudan, Südsomalia, Somaliland, Mauretanien, Nordnigeria, Iran, Irak, Saudi-Arabien, Qatar, den Vereinigten Arabischen Emiraten und dem Jemen können sie sogar mit dem Tode bestraft werden.

# EIN REISENDER GEHT IMMER NOCH

Ich muss zugeben, als ich vor einigen Jahren zum ersten Mal das Wort »Overtourism« hörte, dachte ich: Na, die Einheimischen sollen sich mal nicht so anstellen, schließlich spült der Tourismus ja ordentlich Geld in die Kasse. Kann es wirklich zu viele Touristen geben?

Sagen wir mal so: Um in der venezianischen Altstadt heute einen Venezianer zu treffen, der kein Kellner oder Touristenführer ist, muss man schon ein wenig Glück haben. Dass es dagegen so wenig Widerstand gibt, hat einen einfachen Grund: Es ist ja niemand mehr übrig, der sich beschweren könnte! Venedig hat in den letzten

20 Jahren etwa ein Drittel seiner Bevölkerung verloren, denn das Leben in der Stadt ist zunehmend teurer geworden. Die wenigen »Ureinwohner«, die noch ausharren, durften sich dafür bis vor Kurzem noch an dem skurrilen Schauspiel erfreuen, wenn die Mega-Kreuzfahrtschiffe mitten durch die Stadt glitten und für einen Moment die Stadt wie ein Miniaturmodell aussehen ließen. Danach ankerten die Schiffe direkt vor der Stadt und ergossen ihre Tausenden Passagiere als Tagesbesucher über der Stadt.

Ähnlich sah es in Barcelona aus, wo sich rund 1,6 Millionen Einwohner an 30 Millionen Besuchern erfreuen, genauso wie auf Mallorca: Dort kamen in der Hauptsaison auf einen Einheimischen gerne mal zwei Touristen – und einer davon war garantiert auch noch hackedicht. Dabei hatte es Mallorca vortrefflich geschafft, von der Putzfraueninsel wieder in die Liga der besseren Reiseziele aufzusteigen. Auch in Prag – Achtung, Bonus-Track: Hier schlugen die meisten zum Biersaufen oder zum Junggesellenabschied auf –, Florenz, Regensburg und vielen anderen Orten der Welt regte sich der Widerstand der Einwohner. Die Schwelle des Erträglichen definiert der römische Journalist Marco d'Eramo – frei wiedergegeben – so: Solange die Touristen die für die Einheimischen gedachten Services und Leistungen nutzen, ist alles okay. Problematisch wird es, wenn es so viele Touristen sind, dass die Einheimischen die touristischen Angebote nutzen müssen. Obwohl sich solche Probleme hier und da selbst erledigten, denn ironischerweise führte Overtourism auch noch dazu, dass die Destination an Glanz und Glamour verlor: Barcelona? Rom? Ach nein, da fahren doch alle hin … Doch woran liegt's? Die Menschen fuhren kreuz und quer durch die Welt, weil … sie es konnten! Die moderne Infrastruktur ist nicht nur gut, sie ist auch vergleichsweise günstig. Billig-Airlines bieten Reisen für wenige Euros, 2018 nutzten allein in Europa rund 500 Millionen Menschen eine solche Verbindung. Mit ein bisschen Glück ist man für ein paar Euro dabei: Wien–Stuttgart für 6 Euro, Köln–Rom 38 Euro, Frankfurt–New York Hin- und Rückflug für 250 Euro, Düsseldorf–Malaga–Düsseldorf für 8 Euro – und das sind nur beliebige Beispiele, die sich mit ein wenig Suchen sogar unterbieten lassen. Direkte Flugverbindungen machen es zudem einfacher, für ein paar Tage zu verreisen: Rund 22.000 Städte sind weltweit per Non-Stop-Flug verbunden, 1998 waren es noch halb so viele. Laut der International Air Transport Association IATA haben sich die Flugkosten in den letzten 20 Jahren reell mehr als halbiert.

Kein Wunder, dass die Zahl der Touristen stetig zunimmt. 1950 gab es rund 25 Millionen Touristen, 2019 waren es bereits etwas mehr als 1,4 Milliarden internationale Reisende, mit steigender Tendenz, denn mit jedem Chinesen, Inder und Brasilianer, der in die Mittelschicht aufsteigt, gibt es einen potenziellen Weltenbummler mehr.

Problematisch ist: Wirklich verdammen können diese Städte den verhassten Tourismus nicht, denn in der Tat leben sie davon. In Spanien trug die Reisebranche beispielsweise etwas mehr als 14 Prozent zum BIP bei und 14,5 Prozent zur Beschäftigung, in Mallorca machte sie 45 Prozent aller Einnahmen aus. Logisch, dass sich da manch ein Gastronom und Händler gegen eine Einschränkung wehrte. Dass Gegensteuern möglich ist, zeigen Beispiele wie die Galapagosinseln, wo die Menge der täglichen Besucher nicht nur begrenzt ist, sondern die Einhaltung dieser Regel streng kontrolliert wird. Die Insel Boracay auf den Philippinen wurde 2018 gar ein halbes Jahr komplett für Touristen gesperrt, um der Umwelt eine Chance auf Erholung zu geben. Ob sich die dortigen Hoteliers und Angestellten der Tourismusindustrie darüber gefreut haben, darf man bezweifeln, andererseits hatten sie ihre Abwässer zu großen Teilen ungeklärt ins Meer geleitet und damit die Situation erst heraufbeschworen. Hallstatt in Österreich wiederum, das mit einer Million Besuchern auf 770 Anwohner ein besonders schönes Verhältnis vorweisen kann, begrenzte 2019 die Anzahl der Busparkplätze, die im Übrigen im Voraus gebucht werden müssen. In Dubrovnik und am Machu Picchu wiederum wurde die Zahl der Besucher begrenzt – und wenn es voll ist, einfach keiner mehr zugelassen.

Dass all dies der Vergangenheit angehört, ist natürlich dem Corona-Virus zu verdanken. Mit dem weltweiten Lockdown und den seither geltenden Reisebeschränkungen erledigte sich das Problem des Overtourism erst einmal von selbst. Heute würde manch ein venezianischer Hotelier, manch ein nepalesischer Tourguide nahezu alles geben, litte er an diesem Problem – denn ganz ohne Touristen geht es auch nicht. Bizarrerweise ist das Problem auch in Corona-Zeiten nicht aus der Welt. Dank mannigfaltiger und wechselnder Reisewarnungen verbringen mittlerweile viele Menschen den Urlaub im eigenen Land. In Deutschland stöhnen seither beliebte Reiseziele wie die Ost- und Nordseeküste, das Allgäu und viele andere Touristenorte über einen viel zu hohen Ansturm an Urlaubern.

---

### Praxistipp

**Das kann man selber tun**

- Leise sein und nicht morgens um sechs mit dem Rollkoffer durch Wohngebiete donnern oder nachts grölend durch die engen Gassen der Altstadt torkeln.
- Sich anständig anziehen und nicht im Bikini einkaufen gehen.
- Nicht zur Hauptsaison reisen.
- Überlaufene Sehenswürdigkeiten früh morgens oder spät abends besuchen.
- Einfach mal woanders hinfahren als alle anderen.
- Nicht nur die Liste der üblichen Top-Ten-Sehenswürdigkeiten abreisen.

# AUCH REISENDE SIND TOURISTEN

Für all jene, die sich im Indien-Urlaub im Sari oder Sarong kleiden, sofort alle lokalen Gepflogenheiten annehmen, ausschließlich einheimische Küche essen und sich untereinander nur noch in der Landessprache unterhalten, gibt es eine bittere Wahrheit: Es nützt nichts. Erstens sehen die Einheimischen auf hundert Meter, dass es sich um einen Fremden handelt. Zweitens ist es ihnen ein völliges Rätsel, warum ein Mensch seine Herkunft aus einem reichen, freien Land, von dem viele träumen, verschleiern möchte. Dabei kommt erschwerend hinzu: Je ärmer das Land, desto unverständlicher ist dieses Verhalten, desto größer aber auch die Bemühungen der Reisenden, sich kulturell zu assimilieren.

Reisende sind keine Einheimischen. Sie werden es auch nicht, solange sie nicht auswandern und viele, viele Jahre in der neuen Heimat wohnen und die Landessprache perfekt beherrschen. Und selbst dann, da sind die meisten Gesellschaften der Welt politisch völlig unkorrekt, bleibt man meist »der/die Deutsche« aka Langnase, der/die Weiße oder einfach nur der/die Fremde. Da kann man noch so lang, zäh und dreckig mit der Eisenbahn in der billigsten Klasse quer durch Indien oder Chile fahren (im Stehen!), bei Airbnb die allertypischste Wohnung mieten und jeden Morgen in diesem absoluten Geheimtipp von schnuckeliger Bar frühstücken: Es ist vergeblich. Vor allem den Deutschen betrübt das sehr. Während Italiener, Spanier und Franzosen auch ungefragt ihre Nationalität verraten, nuscheln deutsche Reisende gerne »Europa« und stopfen ihren Pass schnell in die Tasche. Für viele gibt es daher auch nichts Schlimmeres, als andere Deutsche zu treffen. Vor allem, wenn man ihnen beim Besuch des allergeheimsten Geheimtipps begegnet, den (versprochen!) nur Einheimische kennen. Nicht dass man am Ende für einen TOURISTEN gehalten wird. Schon das Wort lässt sie schaudern. Touristen nämlich sind eine homogene Masse, sie fallen wie Fliegen ein und vernichten alles Authentische. Traveller dagegen sind individuell, ja sogar intellektuell, sie interessieren sich für die Kultur des Reiselandes – und erzählen es jedem, der es hören will oder auch nicht. Oder zumindest glauben sie es. Fragt man die Einheimischen nach dem Unterschied zwischen Traveller alias Globetrotter und Tourist, kommt mitunter eine ernüchternde Antwort: Touristen wohnen in Hotels, kaufen anständig Souvenirs und schauen sich für ein Heidengeld die wichtigsten Sehenswürdigkeiten an. Traveller dagegen sind stolz darauf, im 10-Mann-Schlafsaal für umgerechnet 50 Cent zu übernachten, geben nur wenig Geld aus und wollen dafür auch noch gelobt oder – die größte Auszeichnung! – nach Hause eingeladen werden und sich in der Illusion der internationalen Verbrüderung sonnen. Schließlich nähern sie sich einfühlsam der fremden Kultur. Doch warum gibt es dann an allen Traveller-Orten die gleiche Frühstücksspeisekarte? Warum tragen sie alle die heilige Bibel des Reisenden, den Lonely Planet, unter dem Arm? Und warum posten sie wie jeder andere Depp ihre Bilder im Netz? Letztlich sind Traveller/Reisende/Globetrotter auch nur Touristen. Und was würden die eingangs erwähnten Inder dazu sagen? »Deal with it!«

## Gut zu wissen

Was den Traveller ausmacht:

- Er besitzt einen speckigen Rucksack oder eine Tasche, die aussieht, als habe sie der Hund durchgekaut. Dahinter steckt natürlich eine total spannende Geschichte (die hatte ich dabei, als wir zu Fuß durch die Wüste irgendwas gelaufen sind ...).

- Eventuelle Besuche bei McDonald's oder einem anderen Restaurant der Systemgastronomie fallen unter die höchste Geheimhaltungsstufe. Genauso wie Zugfahrten in der ersten Klasse, Aufenthalte in Luxushotels und Taxifahrten.

- Er isst grundsätzlich wie die Einheimischen und hat daher am Ende längerer Reisen mindestens drei Magen-Darm-Infekte überlebt.

- Der Traveller lernt in jedem Land mindestens einen guten Freund kennen, der ihm den absolut authentischen Zugang zur lokalen Kultur ermöglicht. Geheimtipps inklusive.

- Er würde nicht einmal tot freiwillig in einem Bus mit anderen Touristen sitzen.

# REISEN MIT SCHAUM VORM MUND

## 51
## Tollwut

Tierfreunde müssen im Ausland manchmal richtig tapfer sein: So viele süße Hunde und Katzen, so viele herrenlose Tiere, die man am liebsten sofort einpacken und mit nach Hause nehmen möchte. Oder zumindest jetzt gleich ein wenig herzen und streicheln. Das allerdings ist oft keine gute Idee: In mindestens 150 Ländern der Welt, darunter etliche Reiseländer, ist die Tollwut noch eine reelle Gefahr. Dass man davon nur wenig hört, hat viele Gründe: Zum einen mögen es die tropischen Paradiese gar nicht gerne, wenn ihnen jemand das Bild vom Himmel auf Erden vermiest. Zum anderen können Tollwutopfer ja nicht mehr lange davon erzählen, denn die Krankheit endet immer tödlich. Es sei denn, man ist geimpft. Sogar nach dem Biss gibt es noch eine gute Chance, der Tollwut von der Schippe zu springen, vorausgesetzt, man erhält innerhalb kürzester Zeit die so genannte postexpositionelle Prophylaxe (PEP), sprich: die richtige Spritze. Mehrfach, und zwar viele Tage lang. Sie ahnen schon, das lässt sich nicht überall auf der Welt so leicht arrangieren. Dummerweise sind oft die Länder, in denen die Tollwut noch auftritt, genau jene, in denen man ziemlich lange nach dem Impfstoff suchen muss – und derweil betet, dass der verhaltensauffällige Hund einfach nur ein bisschen anders als andere Hunde war.

Beliebte Reiseländer, in denen Tollwut noch eine echte Gefahr ist, sind: China (ca. 2.000 Fälle/Jahr), Indien (ca. 20.000 Fälle/Jahr), Indonesien (ca. 300 Fälle/Jahr), Kenia (ca. 560 Fälle/Jahr), Burma (ca. 1.000 Fälle/Jahr), Nepal (ca. 1.500 Fälle/Jahr), Philippinen (ca. 400 Fälle/Jahr), Thailand (ca. 400 Fälle/Jahr). Und hier noch meine Lieblingszahl: Laut dem US National Center for Biotechnology Information soll allein in Bangkok jeder zehnte Straßenhund tollwutinfiziert sein. Dass sich dies nur wenig in den Sterbestatistiken bemerkbar macht, liegt schlicht an der Verfügbarkeit der PEP. Insgesamt ist die Tollwut derzeit in rund 150 Ländern nachgewiesen, jedes Jahr sterben um die 59.000 Menschen daran. Zuletzt erwischte es im Mai 2019 eine junge Norwegerin, die auf den Philippinen mit einem Hundewelpen gespielt hatte, und 2018 einen, der in Marokko von einer Katze gebissen wurde. Und das sind nur die registrierten Fälle, gezählt werden logischerweise nur die, die es noch zum Arzt geschafft haben und deren Familien sich eine ärztliche Untersuchung leisten konnten. Logisch ist auch: Rucksackreisende, die auch mal größere Strecken zu Fuß zurücklegen, was nicht jedem Dorfhund gefällt, sind gefährdeter. Doch auch im All-inclusive-Resort kann es kniffelig werden: Was, wenn Sie von einem auffallend aggressiven Eichhörnchen angefallen werden? Lachen Sie nicht, das ist ein echter Fall! Hat das Nagetier einfach nur einen an der Waffel oder ist es von der Tollwut befallen? Schon der Zweifel kann einem da schön den Urlaub vermiesen. Tückischerweise beträgt die Inkubationszeit zwischen drei und zwölf Wochen, man muss also ziemlich lange mit der Angst leben.

## Praxistipp

- Rechtzeitig impfen lassen! Ohne hier Werbung für die eine oder andere Krankenkasse machen zu wollen: Es gibt durchaus gesetzliche Krankenkassen, die die ziemlich kostspielige Impfung übernehmen. Pro Person muss man um die 400 Euro rechnen.
- Auch den kleinesten Biss sofort 15 Minuten mit Wasser und Seife sehr gut ausspülen, dann die Wunde mit 70 Prozent Alkohol, Betadin oder Jod säubern, keinen Verband anlegen.

- Sofort um eine postexpositionelle Prophylaxe kümmern. Dies gilt übrigens auch für geimpfte Reisende.
- Vor der Reise recherchieren, ob der Impfstoff vor Ort verfügbar ist. In Thailand wird man im Notfall fündig, in Laos ist das schon schwieriger.
- Sich von Hunden fernhalten: 99 Prozent aller Tollwutinfektion erfolgen durch einen Hundebiss, ansonsten sind vor allem Fledermäuse eine Gefahr.
- Vielleicht finden Sie Ihr Reiseziel ja auch auf der Karte des Greifswalder Friedrich-Loeffler-Instituts? https://rbe.fli.de/site-page/occurrence-rabies

# MEDIKAMENTE AUF REISEN – DAS GEHT NICHT IMMER GUT!

**52**
Drogen

Flugangst, Höhenangst oder Klaustrophobie? Das ist kein Grund, nicht zu reisen, es gibt ja schließlich jede Menge Medikamente, die den ängstlichen Reisenden für einige Stunden in ein zufriedenes Etwas verwandeln, dem man nur ab und zu den Speichel aus den Mundwinkeln wischen muss.

Wer sich in Deutschland Beruhigungsmittel vom Arzt verschreiben lässt, ist damit auf der sicheren Seite, solange er sich nicht selbst ans Steuer der U-Bahn oder des Fliegers setzt. Leider sehen das etliche Länder weltweit anders. Wer im Nahen Osten, Malaysia, Singapur oder Thailand mit den glücklich machenden Substanzen einreist – und das sind nur einige der strikten Länder –, riskiert mehr als nur eine Geldstrafe. Von mehreren Jahren Knast bis hin zu lebenslänglich oder gar zur Todesstrafe reicht das Spektrum. Dies gilt auch für kleine Dosen und natürlich auch für westliche Reisende. Letzteres versteht sich zwar von selbst, scheint sich aber noch nicht herumgesprochen zu haben, denn immer wieder unterhalte ich mich mit Menschen, die »nur ein paar Tabletten mitnehmen« und »in den Emiraten ja sowieso nur umsteigen«. Würde man das mit einem Kilo Heroin im Gepäck auch so sagen? Genau das ist die Crux: In Ländern mit strenger Drogenpolitik ist der Unterschied zwischen LMA-Pillen (kurz für Leck-mich-am-Arsch) und harten Drogen nur noch ein gradueller. Manchmal gilt das auch für Medikamente, die einem eher unverfänglich erscheinen. Ritalin – genau, das für Zappelkinder – oder der Hustenlöser Kodein zum Beispiel, stehen in vielen Ländern ebenfalls auf der Geht-ganz-und-gar-nicht-Liste. Sogar Mohnbrötchen oder deren Krümel können zu ernsten Problemen führen – das ist kein Witz. Ohne die berühmte Geschichte vom Schweizer, der mit Mohnkrümeln in der Hemdtasche in Dubai einreiste und erst nach Monaten wieder freikam, über Gebühr zu strapazieren, sie ging ja damals gut durch die Medien: Kurz darüber nachdenken sollte man schon. Da fragt man sich: Wie bitte finden die Zollbeamten so etwas? Wie penibel muss man da suchen? Schon eine Tasche, in der man zu Jugendzeiten mal ein

Stück Haschisch transportiert hat, kann bei dieser Genauigkeit zum Problem werden.

Apropos genau suchen: Diese Devise gilt nicht nur bei der Suche nach Drogen, sondern auch bei der Recherche nach den Einreisebestimmungen mit Medikamenten im Gepäck. Eine offizielle, internationale Liste, auf der man einfach nachschlagen könnte, gibt es bedauerlicherweise nicht. Auch die Botschaften sind meist keine besonders guten Ansprechpartner. Oder anderes gesagt: Dort, wo man schnell und verlässlich Informationen bekommt, sind meist auch die Einreisebestimmungen nicht so streng – wobei auch diese Regel einige Ausnahmen kennt. Problematisch wird es dort, wo man einfach keine Antwort bekommt. Wie so oft, ist in diesen Fällen das Internet eine Fundgrube an – sich leider oft widersprechenden und nicht immer korrekten – Informationen. Eine Internetsuche mit den Begriffen »bring medication« und dem Namen des Reiseziels ist der erste Schritt. Ist unter den Ergebnissen eine offizielle Website: Gratulation, immerhin haben Sie nun einen Anhaltspunkt. Tröstlich ist in diesem Zusammenhang zu wissen: Die meisten Touristen reisen auch in den strengen Ländern völlig unbehelligt ein und wieder aus. Zu den Einzelfällen möchte man trotzdem nicht gehören.

## Gut zu wissen

Manchmal geht es nicht anders, dann müssen Schmerzmittel oder Psychopharmaka mit auf Reisen. In diesem Fall gehört eine englischsprachige Bestätigung des deutschen Arztes unbedingt mit ins Handgepäck. Sie enthält Angaben zum genauen Markennamen, Inhaltsstoff und Dosierung des Medikaments, der mitgeführten Menge und die medizinische Begründung, wozu das Medikament gebraucht wird. Auch Name und Adresse des Patienten müssen vermerkt sein. Wichtig ist auch: Tabletten sollte man immer in der Originalpackung transportieren, das Rezept, wenn möglich, ebenfalls dabeihaben und nicht mehr Tabletten als unbedingt notwendig mit sich tragen. Optimisten können auch versuchen, vor der Reise eine Genehmigung der Behörden des Reiseziels einzuholen. Dafür braucht man allerdings mitunter viel Zeit und Ausdauer.

# VERTRAU NICHT AUF KLAUS AUS DUISBURG (32) – ZUMINDEST NICHT AUF REISEN

**53**
**Hotelbewertungen**

Das Schöne an Hotelbuchungs- und Bewertungsportalen ist, dass man nicht nur gefühlt Tausende Bilder des Hotels und die genaue Position auf der Karte sehen kann, sondern im Idealfall auch eine ganze Fülle von Erfahrungen anderer Reisender: Jan aus Bottrop, 27, ist begeistert vom Hotelpool und dem reichhaltigen Frühstück, Sanne und Oliver, auf Hochzeitreise, loben das hilfreiche Personal in den höchsten Tönen und Richard, 47, schwärmt vom schönen Strand. So schlecht kann das Hotel also schon mal nicht sein.

Was die meisten nicht wissen: Derartige (natürlich positive) Bewertungen kann man kaufen, dutzendweise oder auch zu hunderten, alles nur eine Frage des Preises. Und muss man noch nicht einmal in die Tiefen des Darknets abtauchen. Um all seinen Glauben an Hotelbewertungen zu verlieren, reicht es, einfach mal »Hotel Bewertungen kaufen« zu googeln. Fünf Bewertungen gibt es schon für 80 Euro, bei größeren Mengen gibt es natürlich Rabatt, dabei spielt auch eine Rolle, für welche Plattform Bewertungen erstellt werden sollen. Da fragt man sich natürlich: Ist das eigentlich legal? Die Anbieter dieser Dienstleistung scheinen da kein Problem zu sehen, oft handelt es sich um Unternehmen mit Kontaktmöglichkeiten in Deutschland, auch wenn der offizielle Sitz gerne mal auf Malta, Zypern, in Spanien oder Belize ist. Hin und wieder sind sogar Firmen mit deutscher Adresse dabei.

Die Buchungsplattformen sehen das naturgemäß kritischer und auch in der Hotellerie ist man skeptisch, denn falsche gute Bewertungen untergraben die Glaubwürdigkeit. Außerdem macht es wenig Freude, zuzusehen, wie die Bruchbude von nebenan auf einmal mit Lob überhäuft wird.

Bis November 2019 war die Rechtslage ziemlich unklar, dann ging HolidayCheck gegen den Anbieter Fivestar Marketing vor Gericht. Das Landgericht München untersagte dem Unternehmen immerhin, Bewertungen zu verkaufen, bei denen der Bewertende das Hotel nicht von innen gesehen hatte. Ein generelles Verbot, Bewertungen zu verkaufen, sprach es jedoch nicht aus. Im Mai 2019 leitete zudem das Bundeskartellamt eine Sektorenuntersuchung zu Nutzerbewertungen ein. Ziel ist es, so das Bundesamt, herauszufinden, »welche Bewertungssysteme dafür besonders anfällig sind und inwieweit hier gegebenenfalls Verbraucherrechtsverstöße vorliegen.«

Die Buchungsportale versuchen derweil selbst den falschen Bewertungen auf die Spur zu kommen, indem sie auf bestimmte Formulierungen und technische Ausdrücke achten, die beispielsweise einen maschinell hergestellten Text verraten, denn die meisten gefälschten Kritiken sind computergeneriert. Manchmal braucht es auch einfach nur ein bisschen Fingerspitzengefühl, um die gekauften herauszufiltern. Jede fünfzigste ist laut TripAdvisor gefälscht, bisher hat das Unternehmen rund 1,4 Millionen Bewertungen gelöscht.

Doch auch die echten Bewertungen sind mitunter problematisch. Im Internet mutiert die ganze Welt zum Michelin-Tester – und die neue Bedeutung ist verführerisch. Unter dem Deckmantel der Ehrlichkeit und dem Dienst an anderen Reisenden wird gemäkelt und kritisiert, was das Zeug hält. Kurzfristig keine Butter am Buffet? Sterneabzug! Beim Check-out mehr als fünf Minuten gewartet? Ebenfalls Punkteabzug. Geradezu im Machtrausch scheinen manche Reisende, die in stundenlanger Arbeit genaueste Beschreibungen der besuchten Hotels verfassen. Und woher wissen die eigentlich, dass ganz hinten im Schrank Staubflusen lagen?

Und unter dem Waschbecken nicht richtig geputzt wurde? Kriechen die da allen Ernstes in den Ecken herum?

Hoteliers berichten zudem seit vielen Jahren von dreisten Erpressungsversuchen beim Auschecken: »Über einen kleinen Preisnachlass würde ich mich sehr freuen und gerne auch fünf Sterne geben« oder, die ganz direkte Variante: »Wenn ich den vollen Preis zahlen muss, kann ich keinesfalls mehr als einen von fünf Sternen geben«, andere verlangen Sachleistungen wie beispielsweise Wein oder Leckereien aus dem Hotelshop. Manch ein Hotelier knickt dabei heimlich ein, denn eine ungerechtfertigte negative Kritik auf einem der Buchungsportale wieder verschwinden zu lassen, selbst wenn dieser Erpressungsversuch vor Zeugen geschieht, ist ein langwieriges, oft vergebliches Unterfangen. Ob negative Kritiken eine Meinungsäußerung darstellen oder als Tatsachenbehauptungen gelten, da sind sich die Gerichte nicht einig. Und ersterem ist kaum beizukommen.

Doch warum sehen die Hotels das so streng? Sobald die ersten schlechten Bewertungen auftauchen, fühlen sich viele Nutzer geradezu gezwungen, in dasselbe Horn zu tröten: Hier kann man sich wunderbar als kritischer Gast profilieren, der sich nichts gefallen lässt, und manch einer, der im Alltag viel einstecken muss, teilt hier nun wieder aus, auch wenn er eigentlich ganz zufrieden war. Wer will schon wie ein Depp dastehen, der sich mit einem schlechten Zimmer abspeisen lässt?

Man muss sich nichts vormachen, Bewertungen sind für fast alle Reisenden eine praktische Sache. Um sie besser einzuschätzen, sollte man sich diese Fragen stellen:

- Wann wurde die Kritik erstellt? Allzu alte Einträge sind meist hinfällig.
- Wie viele Kritiken sind es insgesamt für dieses Hotel?
- Liegt der Kritik eine verifizierte Buchung zugrunde?
- Lässt das Buchungsportal generell auch Kritiken ohne vorausgegangene Buchung zu?
- Bei besonders kritischen Bewertungen: Welche anderen Bewertungen hat dieser Gast sonst noch erstellt? Und wie lesen sich diese?

# REISEN MACHT DIE EINHEIMISCHEN NICHT REICH

Souvenirs kaufen, abends lecker essen gehen, sich eine Massage gönnen oder in einer einheimischen Bar abhängen und die halbe Cocktailkarte durchprobieren – solche angenehmen Dinge gehören zum Reisen dazu, schließlich soll es ja auch ein bisschen Spaß machen. Logisch erscheint auch, dass dadurch auch eine Menge Geld in die Kassen der lokalen Kleinunternehmer fließt. Außerdem kommt der Tourismus nicht nur der einheimischen Wirtschaft zugute, er ist auch ein wichtiger Arbeitgeber: Nach Angaben des World Travel & Tourism Councils ist jeder zehnte Job weltweit im Tourismus angesiedelt, der gerade in ärmeren Ländern bis zu 40 Prozent des Bruttoinlandsprodukts beiträgt. Alles prima also?

Leider nicht immer: In vielen Regionen liegen die Ferienresorts oft außerhalb der Ortschaften in idyllischer Strandlage. Für die Betreiber hat das viele Vorteile: Weniger Lärm, saubere und vor allem leere Strände, viel Platz für die Hotelanlage und ausgedehnte Gärten – und natürlich den nicht ganz unerwünschten Nebeneffekt, dass der Trip in die nächste Siedlung ein wenig Planung erfordert und die meisten Gäste auch zum Essen im Resort bleiben. Rund ein Viertel aller Reisenden weltweit entscheiden sich sowieso für einen All-inclusive-Urlaub. Essen und Trinken ist dann bekanntlich gratis – warum sollte man sich dann noch außerhalb der Anlage ein einheimisches Restaurant suchen, das auch noch schwer zu erreichen ist? Nach einer Umfrage von Tourism Concern verlassen rund ein Drittel aller All-Inclusive-Urlauber die Anlage sogar kein einziges Mal! Nahezu alle Ausgaben, die der Reisende für den und im All-inclusive-Urlaub tätigt, kommen daher nicht der lokalen Wirtschaft zugute, sondern fließen in die Taschen internationaler Konzerne: Die Touristen reisen mit einer internationalen Airline an, übernachten in der Anlage eines internationalen Hotelkonzerns und greifen mit großer Wahrscheinlichkeit sogar am Buffet zu importierten Waren. Logisch, dass auch der Animateur oder Reiseleiter der Ausflüge aus einem anglophonen Land kommt und vielleicht sogar auch die Angestellten des Resorts. Gut möglich, dass sogar die Souvenirs im Resort-Shop kostengünstig im Ausland hergestellt wurden. »Tourism Leakage« nennt man dieses Phänomen, wenn nahezu alle Ausgaben wieder ins Ausland zurückfließen. Auch wenn es sich nicht auf den All-in-clusive-Bereich beschränkt, ist es doch in diesem Tourismussegment besonders stark ausgeprägt. In der Karibik, einer klassischen Resort-Destination, beträgt die Leakage beispielsweise bis zu 80 Prozent der Ausgaben.

Doch auch jenseits der Touristengettos steht es nicht immer zum Besten: Vor allem dort, wo es wenig Alternativen auf dem Arbeitsmarkt gibt, sind die Arbeitsbedingungen für Zimmermädchen, Portiers, Reinigungskräfte und Küchenhilfen oft haarsträubend schlecht. Wobei man dazu sagen muss: Auch in den reichen Ländern der Welt arbeiten die Dienstleister, meist Arbeitsmigranten, am unteren Ende der Hotelhierarchie für Bettellöhne, die oft kaum über Sozialhilfeniveau liegen. Interessanterweise gilt dies sogar für Dienstleister, auf die Touristen nur schwer verzichten können – zum Beispiel im Gebirgstourismus. Egal ob im Himalaya, am Kilimandscharo oder in den Anden, ohne lokale Träger wären die meisten mehrtägigen Touren gar nicht durchführbar: Sie tragen Zelte, Ausrüstung und Vorräte – meist um die 20 Kilo schwer – und bauen die Infrastruktur nach einem langen Tag auf. Nicht dass es an sich verwerflich wäre, sie anzuheuern, schließlich leben diese Menschen davon, die Löhne freilich sind bescheiden: 2015 verdiente ein Träger auf der Macchu-Picchu-Route in Peru gerade mal 50 Euro für eine viertägige Tour, am Kilimandscharo waren es ebenfalls rund zehn Euro am Tag.

Selbst auf diese mageren Einkünfte können sich lokale Arbeitskräfte nicht immer verlassen, denn kaum ein Industriezweig ist so krisenanfällig wie der Tourismus: Ein Anschlag, eine gewalttätige Demonstration, ein Erdbeben kann genügen, um eine Destination für viele Monate kaltzustellen. Und wer wollte es den Reisenden verübeln? Im Zweifelsfall bucht man eben lieber eine Reise in ein vermeintlich sicheres Land.

## Harte Fakten

Eine interessante Besonderheit hat übrigens die Arbeit auf dem Kreuzfahrtschiff: Weil die Löhne bei einigen großen Anbietern über die Gewerkschaften der Heimatländer ausgehandelt werden (wenn überhaupt!), gibt es mitunter, je nach Herkunft, ganz unterschiedliche Entlohnung für die gleiche Arbeit. Eventuelle Mindestlöhne und Sozialleistungen umgehen die Reedereien zudem ganz legal, indem sie unter fremder Flagge fahren. Derzeit ist kein einziges deutsches Kreuzfahrtschiff in Deutschland registriert!

**Aber**

Wenn die Rahmenbedingungen stimmen, bietet der Tourismus immer noch mehr Aufstiegschancen als viele andere Branchen. Ein Hoteldirektor, der als Koch angefangen hat, das ist keine Seltenheit. Etliche internationale Tourismusunternehmen versuchen zudem, gezielt lokale Kräfte zu fördern.

# TRAU NIEMANDEM – SCHON GAR NICHT DEINEM BUCHUNGSPORTAL

**55**
Ranking

Ein Hotel in Tokyo? In Asakusa, mit Frühstück, zwei getrennten Betten und Blick über die Stadt? Und das alles im 3- bis 4-Sterne-Bereich? Kein Problem, den Buchungsportalen – auch als OTA bezeichnet, Online Travel Agencies – im Internet sei Dank. Mit wenigen Klicks erscheint eine Liste aller Hotels, die diese Kriterien erfüllen, bestätigt wird sofort und mit ein bisschen Glück kann man sogar noch bis kurz vor der Abreise wieder kostenlos stornieren. Wer sich noch an die prä-internetären Zeiten erinnern kann, weiß diese Bequemlichkeit ganz besonders zu schätzen. Für alle, die das nicht mehr kennen: Noch vor 30 Jahren hieß es, im Reisebüro buchen, nach langer Suche natürlich – und dann auf die Bestätigung per Fax warten. Die andere Alternative war eher abenteuerlich: Einfach mal für eine Mörder-Mark im Ausland anrufen und hoffen, dass der Angestellte an der Rezeption a) Englisch sprach oder die Fremdsprache der eigenen Wahl, b) die Buchung wirklich annahm und c) später nicht wieder vergaß oder verwarf zugunsten eines anderen Gastes und d) sich noch an den vereinbarten Preis erinnern konnte. Auch der Überraschungsfaktor war aufgrund der mangelnden Informationen und so ganz ohne Bildmaterial nicht ohne. Andererseits: Auch die bequeme Buchung im Internet bietet so ihre Stressfaktoren und schwierigen Fragen:

1.  Habe ich wirklich das allertollste unter den 1.258 Hotels an diesem Ort ausgesucht? Oder gibt es gar noch irgendwo ein besseres Schnäppchen, ein lauschigeres Hotel, eine schönere Location? Und warum hat Karl aus Cincinnati diesem Hotel nur zwei Sterne gegeben?

2.  »Fünf Leute sehen sich gerade dieses Hotel an.« Und natürlich sind nur noch zwei Zimmer an diesem Datum zu vergeben. Jetzt aber schnell, sonst sind die gleich weg! Aber ist das denn überhaupt das tollste ...?

3.  Mist, es hätte drei weitere, viel günstigere Zimmerkategorien gegeben, die aber an diesem Termin leider schon ausgebucht sind, du Schnarchnase. Du bist zu spät, ZU SPÄT!

Während man mit Problem Nummer eins, dem Mega-Überangebot an Möglichkeiten, allein klarkommen muss, lohnt es sich auf die anderen beiden Punkte einen genaueren Blick zu werfen:

»Fünf Leute sehen sich gerade dieses Hotel an«, ist hier und da schlichtweg gelogen. Erst im Dezember 2019 überführte eine Computerspezialistin eine britische Buchungsplattform, indem sie den Quellcode der Website überprüfte – was im übrigens gar nicht so schwer ist: rechter Mausklick, Quellcode anzeigen. Und dies ist kein Einzelfall. Beispiele seien hier nicht beim Namen genannt – dazu traue ich der Maximalsumme meiner Vermögensschadenhaftpflichtversicherung (ja, das gibt es!) nicht genug. Aber sagen wir mal so: Es sind durchaus ein paar große Namen dabei.

Die britische Verbraucherschutzorganisation Which? prangerte 2017 zudem eine ganze Handvoll internationaler OTAs an, weil sie ihre Rankings nach undurchsichtigen Kriterien erstellten, eines davon die bezahlten »Placements«, die nur schwer als solche zu erkennen sind. Eine erneute Untersuchung 2019 ergab übrigens wenig Besserung.

Auch die Mär, die Preise der Buchungsportale seien automatisch immer günstiger als die Raten einer Direktbuchung, zum Beispiel über die Hotelwebsites, lässt sich nicht immer aufrechterhalten, es lohnt sich zu vergleichen: Nach einer Studie des Leibniz-Zentrums für Europäische Wirtschaftsforschung (ZEW) in

Mannheim war 2016 jedes vierte Angebot auf der hoteleigenen Seite günstiger als der Portalpreis. Für die Hotelbesitzer sind die Buchungsplattformen übrigens eine zweischneidige Sache. Natürlich war es noch nie so einfach, Gäste aus aller Welt auf sich aufmerksam zu machen. Doch die Portale arbeiten verständlicherweise nicht umsonst, und so fällt für jede Buchung eine Kommission an (meist 15 Prozent), die oft auch dann nicht zurückgezahlt wird, wenn der Kunde kurzfristig wieder storniert. Auch ist der Druck groß, die Zimmer besonders günstig an die Buchungsplattform abzugeben. Viel Auswahl haben die Hoteliers nicht: Die Anbieter Booking.com, die Expedia-Gruppe und die deutsche HRS Group kommen zusammen auf rund 92 Prozent der Portalbuchungen in europäischen Hotels, allein Booking hat einen Marktanteil von mehr als 60 Prozent aller OTA-Buchungen in Deutschland. Mittlerweile machen die Portalbuchungen mehr als ein Viertel aller Buchungen aus, mit steigender Tendenz.

## Praxistipp

Ein schönes, kleines Hotel gefunden? Warum nicht einfach mal kurz anrufen und per Telefon direkt buchen, natürlich mit dem diskreten Hinweis, man habe das Hotel auf einer der Plattformen gesehen. Günstiger wird es nicht unbedingt, denn teils verbieten die OTAs den Hotels vertraglich, ihre Zimmer günstiger anzubieten als mit der

OTA vereinbart. Viele Hotels vergeben jedoch die besten Zimmer erst an ihre direkten Buchungen, und manch einer stellt auch noch eine Flasche Sekt dazu. Dem Hotelier macht man, vor allem bei kleinen Häusern, auf jeden Fall eine kleine Freude damit.

# STICHWORT-VERZEICHNIS

# Was die Touristeninformation
# verschweigt

Was Sie dachten,
NIEMALS über das REISEN
wissen zu wollen

Was Sie dachten,
NIEMALS über DÄNEMARK
wissen zu wollen

Was Sie dachten,
NIEMALS über die NIEDERLANDE
wissen zu wollen

Was Sie dachten,
NIEMALS über ENGLAND
wissen zu wollen

Was Sie dachten,
NIEMALS über INDIEN
wissen zu wollen

Was Sie dachten,
NIEMALS über JAPAN
wissen zu wollen

Was Sie dachten,
NIEMALS über KANADA
wissen zu wollen

Was Sie dachten,
NIEMALS über KROATIEN
wissen zu wollen

# Die junge Frau und das Meer – Coming-of-Age meets Heimat-literatur

Ostfriesland – unendliche Weiten. Und eine Frau, die, umgeben von Wasser, Wind und plattem Land, heranwächst und sich wundert. Sylvie Gühmann berichtet über ihre Angst vor Bergen, grotesken Felsen und Abgründen, von ihrer Angst vor dem Unüberblickbaren.

Sie erzählt von der Wuchtigkeit des Nichts, der Kraft der Leere der ostfriesischen Landschaft und der Teezeremonie, ihrem Alltagsanker. Mit Mitte zwanzig, inmitten der Großstadt Hamburg, fragt sie sich, was sich alle Wandernden mit Mitte zwanzig fragen: Will ich eigentlich zurück?

Sylvie Gühmann
**Die junge Frau und das Meer**
Warum ich in Ostfriesland den Überblick behalte

ISBN 978-3-95889-388-7
ISBN 978-3-95889-392-4

**CONBOOK.**

# Bestens vorbereitet mit den Reise-Hacks

## Die neue gut gelaunte Ratgeberreihe fürs Handgepäck

Reise-Hacks für
Hundemenschen
ISBN 978-3-95889-419-8

Reise-Hacks für
frisch gebackene Eltern
ISBN 978-3-95889-420-4

Reise-Hacks für
Klimabewusste
ISBN 978-3-95889-418-1

Reise-Hacks für
Nackte
ISBN 978-3-95889-422-8

Reise-Hacks für
Laufbegeisterte
ISBN 978-3-95889-421-1

CON
BOOK.

# Ein Kompendium der schönsten Strecken Europas

Veronika Wengert und Jörg Dauscher
**Nachtzugreisen**
Die schönsten Strecken Europas

📘 ISBN 978-3-95889-416-7
📱 ISBN 978-3-95889-425-9

In vielen europäischen Ländern schlummerte das Reisen im Nachtzug einen langen Dornröschenschlaf. Nun ist es wieder da! In Zeiten von Slow Travel und Nachhaltigkeit erlebt dieses ganz besondere Reiseerlebnis einen echten Boom: Das Nachtzugnetz wächst, und jedes Jahr kommen neue Verbindungen hinzu.

Spannende Städte, traumhafte Landschaften und weniger bekannte Lieblingsorte lassen sich nicht nur ganz entschleunigt, sondern auch umweltfreundlich bereisen. Lassen Sie sich inspririeren und entdecken Sie die schönsten Nachtzugstrecken in ganz Europa.

**CON BOOK.**